Impressum

Verlag: BABADADA GmbH, Nedderfeld 112 , 22529 Hamburg

Geschäftsführer / Verlagsleitung: Harald Hof

Druck: Books on Demand GmbH, In de Tarpen 42, 22848 Norderstedt

Imprint

Publisher: BABADADA GmbH, Nedderfeld 112 , 22529 Hamburg, Germany

Managing Director / Publishing direction: Harald Hof

Print: Books on Demand GmbH, In de Tarpen 42, 22848 Norderstedt

ໂຮງຮຽນ
el colegio

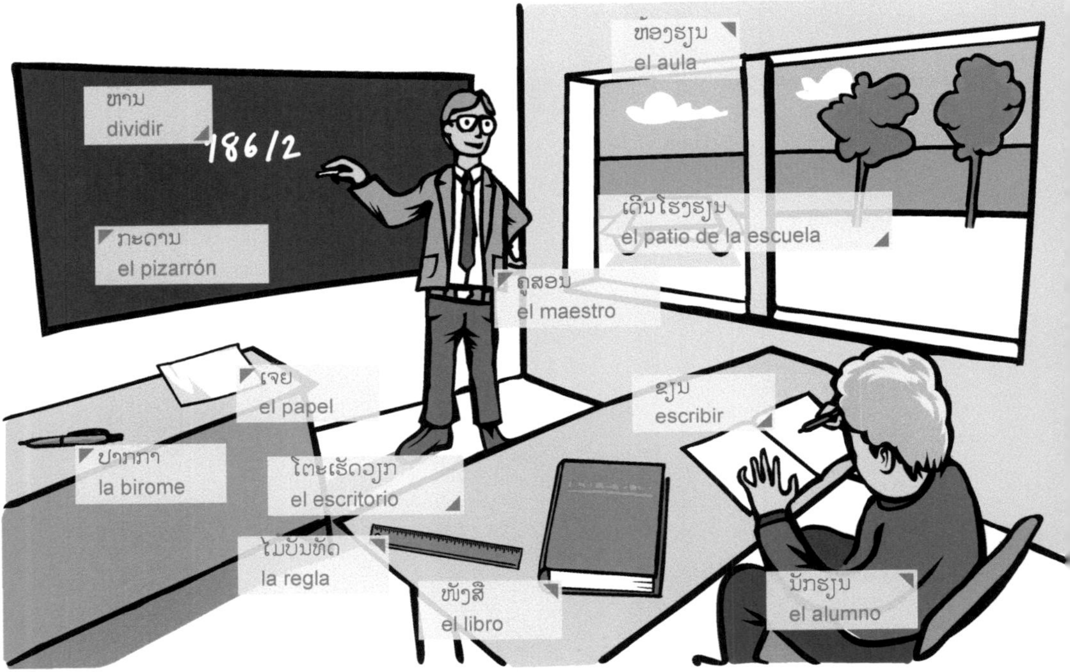

ຫ້ອງຮຽນ
el aula
ຫານ
dividir
186/2
ກະດານ
el pizarrón
ເດີ່ນໂຮງຮຽນ
el patio de la escuela
ຄູສອນ
el maestro
ເຈ້ຍ
el papel
ຂຽນ
escribir
ປາກກາ
la birome
ໂຕະເຮັດວຽກ
el escritorio
ໄມ້ບັນທັດ
la regla
ໜັງສື
el libro
ນັກຮຽນ
el alumno

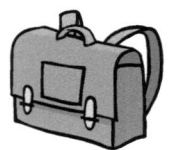

ກະເປົາໃສ່ປຶ້ມທີ່ມີສາຍພາຍ

la mochila

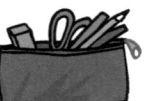

ກັບສໍດຳ

la caja de lápices

ສໍດຳ

el lápiz

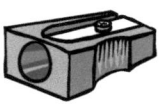

ເຄື່ອງແຫຼມສໍ

el sacapuntas

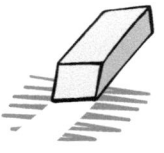

ຢາງລຶບ

la goma (de borrar)

ສະໝຸດແຕ້ມຮູບ

el bloc de dibujo

ພາບວາດ

el dibujo

ແປງທາສີ

el pincel

ກ່ອງສີ

la caja de pinturas

ມິດຕັດ

la tijera

ກາວ

el pegamento

ປຶ້ມເຝິກຫັດ

el cuaderno de ejercicios

ວຽກບ້ານ

la tarea

ຕົວເລກ

el número

2+2

ບວກ

sumar

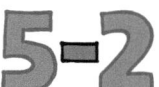

ລົບ

restar

ຄູນ

multiplicar

ຄິດໄລ່

calcular

ຕົວອັກສອນ

la letra

ABCDEFG
HIJKLMN
OPQRSTU
VWXYZ

ພະຍັນຊະນະ

el abecedario

ຄຳສັບ

la palabra

ຂໍ້ຄວາມ

el texto

ອ່ານ

leer

ສໍຂາວ

la tiza

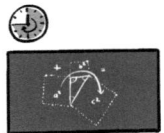

ບົດຮຽນ

la lección

ລົງທະບຽນ

el cuaderno de clase

ການສອບເສັງ

el examen

ໃບຢັ້ງຢືນ

el certificado

ຊຸດນັກຮຽນ

el uniforme escolar

ການສຶກສາ

la educación

ປຶ້ມຮວບຮວມຄວາມຮູ້ສາລະພັດ

la enciclopedia

ມະຫາວິທະຍາໄລ

la universidad

ກ້ອງຈຸລະທັດ

el microscopio

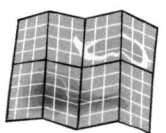

ແຜນທີ່

el mapa

ກະຕ່າໃສ່ເສດເຈ້ຍ

el tacho (de basura)

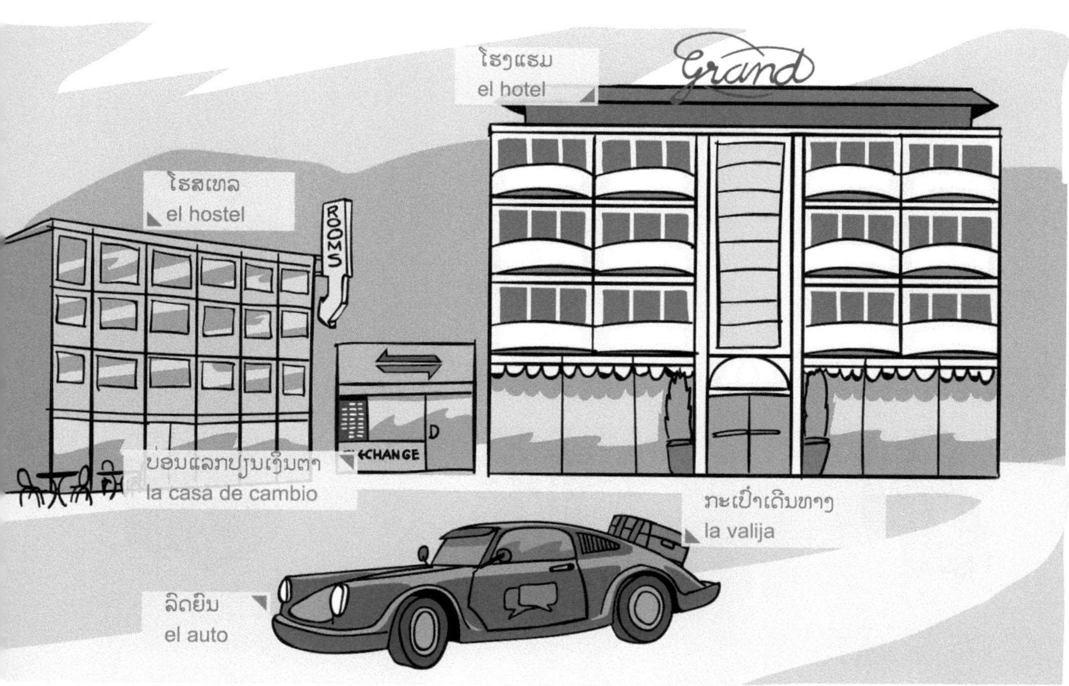

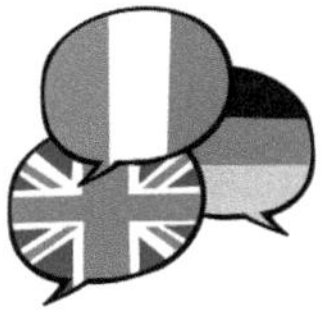

ໂຮງແຮມ
el hotel
Grand
ໂຮສເທລ
el hostel
ROOMS
ບ່ອນແລກປ່ຽນເງິນຕາ
la casa de cambio
ກະເປົາເດີນທາງ
la valija
ລົດຍົນ
el auto

ພາສາ

el idioma

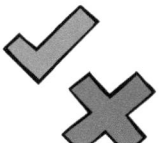

ແມ່ນ / ບໍ່ແມ່ນ

sí / no

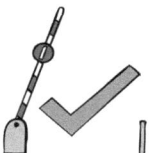

ຕົກລົງ

Está bien

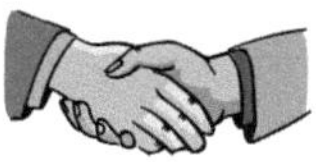

ສະບາຍດີ

hola

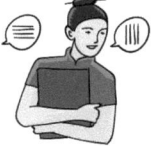

ນັກແປພາສາ

el traductor

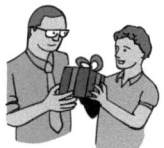

ຂອບໃຈ

Gracias

ລາຄາເທົ່າໃດ...?

¿cuánto cuesta…?

ຂ້ອຍບໍ່ເຂົ້າໃຈ

No entiendo

ບັນຫາ

el problema

ສະບາຍດີຕອນແລງ!

¡Buenas tardes!

ສະບາຍດີຕອນເຊົ້າ!

¡Buenos días!

ລາຕິສະຫວັດ

¡Buenas noches!

ລາກ່ອນ

el adiós

ທິດທາງ

la dirección

ກະເປົາເດີນທາງ

el equipaje

ກະເປົາ

el bolso

ກະເປົາພາຍຫຼັງ

la mochila

ແຂກ

el invitado

ຫ້ອງ

la habitación

ຖົງໃສ່ເຄື່ອງນອນ

la bolsa de dormir

ເຕັ້ນ

la carpa

ຂໍ້ມູນນັກທ່ອງທ່ຽວ

la información turística

ຊາຍຫາດ

la playa

ບິດເຄຣດິດ

la tarjeta de crédito

ອາຫານເຊົ້າ

el desayuno

ອາຫານທ່ຽງ

el almuerzo

ອາຫານແລງ

la cena

ປີ້

el pasaje

ລິຟ

el ascensor

ສະແຕມ

el sello

ພິມແດນ

la frontera

ພາສີ

la aduana

ສະຖານທູດ

la embajada

ວິຊາ

la visa

ໜັງສືຜ່ານແດນ

el pasaporte

ຂົນສົ່ງ

el transporte

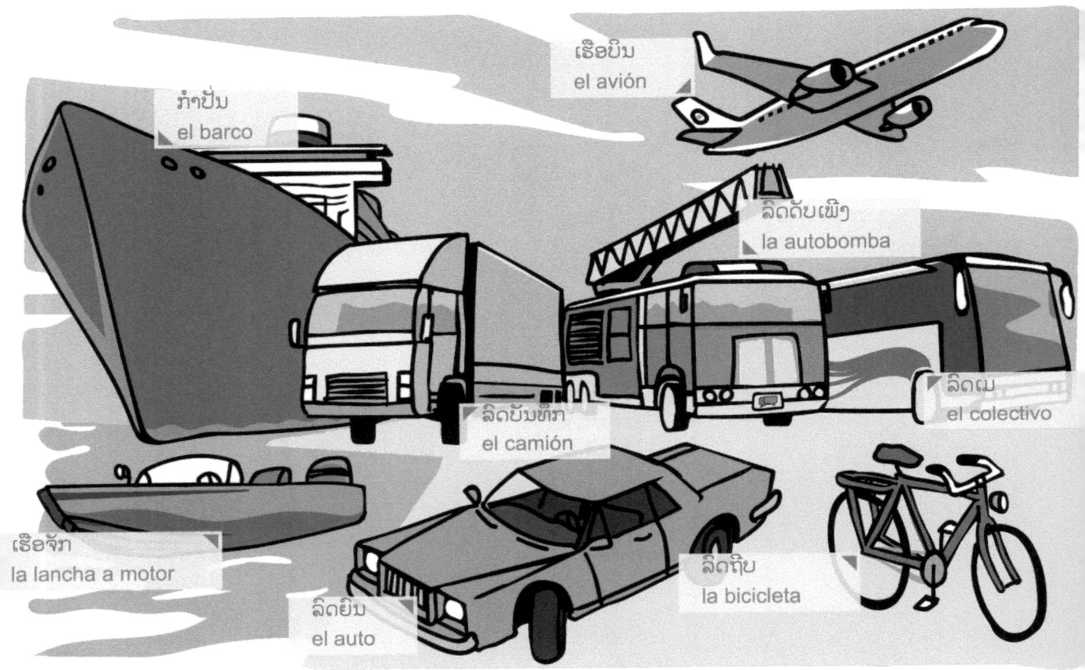

ເຮືອບິນ
el avión
ກຳປັ່ນ
el barco
ລົດດັບເພີງ
la autobomba
ລົດເມ
el colectivo
ລົດບັນທຸກ
el camión
ເຮືອຈັກ
la lancha a motor
ລົດຖີບ
la bicicleta
ລົດຍົນ
el auto

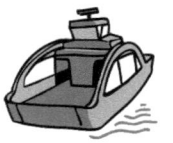

ເຮືອຂ້າມຟາກ

el ferry

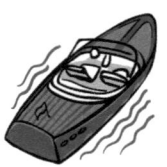

ເຮືອ

el bote

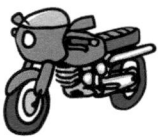

ລົດຈັກ

la moto

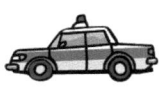

ລົດຕຳຫຼວດ

el patrullero

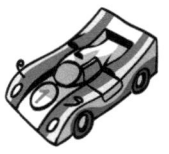

ລົດແຂ່ງ

el auto de carreras

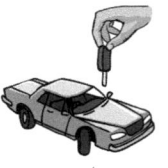

ລົດເຊົ່າ

el auto de alquiler

ການແບ່ງປັນກັນໃຊ້ລົດ

el alquiler de autos

ລົດລາກ

la grúa

ລົດຂົນຂີ້ເຫຍື້ອ

el camión de la basura

ເຄື່ອງຍົນ

el motor

ເຊື້ອໄຟ

la nafta

ປັ້ມນ້ຳມັນ

la estación de servicio

ປ້າຍຈາລະຈອນ

la señal de tránsito

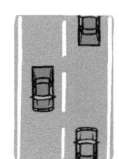

ການຈາລະຈອນ

el tránsito

ການຈາລະຈອນຕິດຂັດ

el embotellamiento

ບ່ອນຈອດລົດ

el estacionamiento

ສະຖານີລົດໄຟ

la estación de tren

ລາງລົດໄຟ

las vías

ລົດໄຟ

el tren

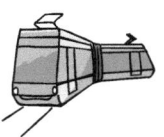

ລົດລາງ

el tranvía

ຕູ້ລົດໄຟ

el vagón

ຂົນສົ່ງ - el transporte

ເຮລິຄອບເຕີ
....
el helicóptero

ສະໜາມບິນ
....
el aeropuerto

ຫໍຄອຍ
....
la torre

ຜູ້ໂດຍສານ
....
el pasajero

ຕູ້ບັນຈຸສິນຄ້າ
....
el contenedor

ກ່ອງເຈ້ຍ
....
la caja de cartón

ກວຽນ
....
la carretilla

ກະຕ່າ
....
la canasta

ເຮືອບິນຂຶ້ນ / ເຮືອບິນລົງຈອດ
....
despegar / aterrizar

ເມືອງ

la ciudad

ບ້ານ
....
el pueblo

ໃຈກາງເມືອງ
....
el centro de la ciudad

ເຮືອນ
....
la casa

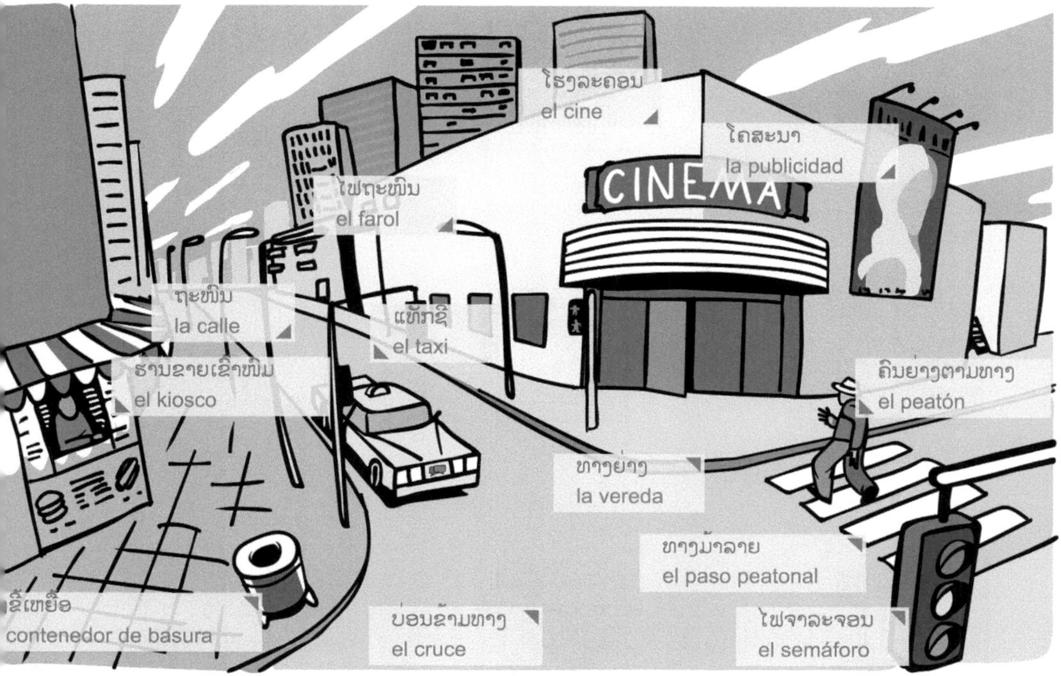

ໂຮງລະຄອນ
el cine

ໂຄສະນາ
la publicidad

ໄຟຖະໜົນ
el farol

ຖະໜົນ
la calle

ແທັກຊີ
el taxi

ຮ້ານຂາຍເຂົາໜົມ
el kiosco

CINEMA

ຄົນຍ່າງຕາມທາງ
el peatón

ທາງຍ່າງ
la vereda

ທາງມ້າລາຍ
el paso peatonal

ຖັງເໝື່ອ
contenedor de basura

ບ່ອນຂ້າມທາງ
el cruce

ໄຟຈາລະຈອນ
el semáforo

ຕູບ
la cabaña

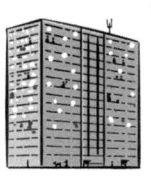

ແຟລດ
el departamento

ສະຖານີລົດໄຟ
la estación de tren

ໂຮງການເມືອງ
la municipalidad

ຫໍພິພິດຕະພັນ
el museo

ໂຮງຮຽນ
el colegio

ມະຫາວິທະຍາໄລ

la universidad

ທະນາຄານ

el banco

ໂຮງໝໍ

el hospital

ໂຮງແຮມ

el hotel

ຮ້ານຂາຍຢາ

la farmacia

ຫ້ອງການ

la oficina

ຮ້ານຂາຍໜັງສື

la librería

ຮ້ານຄ້າ

el negocio

ຮ້ານຂາຍດອກໄມ້

la florería

ຊຸບເປີມາກເກັດ

el supermercado

ຕະຫຼາດ

el mercado

ຫ້າງສັບພະສິນຄ້າ

las grandes tiendas

ຮ້ານຂາຍປາ

la pescadería

ສູນການຄ້າ

el centro comercial

ທ່າເຮືອ

el puerto

ສວນສາທາລະນະ

el parque

ແປ້ນມ້າ

el banco

ຂົວ

el puente

ຂັ້ນໃດ

las escaleras

ລົດໄຟໃຕ້ດິນ

el subte

ອຸໂມງ

el túnel

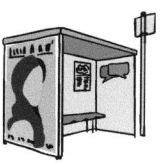

ປ້າຍລົດເມ

la parada del colectivo

ຮ້ານຂາຍເຫຼົ້າ

el bar

ຮ້ານອາຫານ

el restaurante

ຕູ້ໄປສະນີ

el buzón

ປ້າຍຊື່ຖະໜົນ

el letrero

ມິເຕີເກັບຄ່າຝາກລົດ

el parquímetro

ສວນສັດ

el zoológico

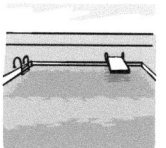

ສະລອຍນ້ຳ

la pileta

ວັດມຸດສະລິມ

la mezquita

ຟາມ
la granja

ມົນລະພິດ
la contaminación

ສຸສານ
el cementerio

ໂບດ
la iglesia

ເຄິ່ງຫຼິ້ນຂອງເດັກນ້ອຍ
los juegos infantiles

ວັດມຸດສະລົມ
el templo

ພູມິປະເທດ
el paisaje

ໃບໄມ້
la hoja

ປ້າຍບອກທາງ
el poste indicador

ທາງ
el camino

ທົ່ງຫຍ້າ
la pradera

ກ້ອນຫິນ
la piedra

ຕົ້ນໄມ້
el árbol

ນັກເຄິນທາງໄກດອຍກາມຍາງ
el excursionista

ແມ່ນ້ຳ
el río

ຫຍ້າ
la hierba

ດອກໄມ້
la flor

ຮ່ອມພູ
el valle

ເນີນເຂົາ
la montaña

ທະເລສາບ
el lago

ປ່າ
el bosque

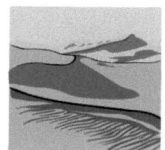

ທະເລຊາຍ
el desierto

ພູເຂົາໄຟ
el volcán

ທຳປະສາດ
el castillo

ຮຸ້ງກິນນ້ຳ
el arco iris

ເຫັດ
el champiñón

ຕົ້ນປາມ
la palmera

ຍຸງ
el mosquito

ແມງວັນ
la mosca

ມົດ
la hormiga

ເຜິ້ງ
la abeja

ແມງມຸມ
la araña

ແມງປິກແຂງ

el escarabajo

ກິບ

la rana

ກະຮອກ

la ardilla

ເຫັ້ນ

el erizo

ກະຕ່າຍປ່າ

la liebre

ນົກເຄົ້າ

la lechuza

ນົກ

el pájaro

ຫົງ

el cisne

ຫມູປ່າຕົວຜູ້

el jabalí

ກວາງ

el ciervo

ກວາງໃຫຍ່

el alce

ເຂື່ອນ

la presa

ພາກປັ່ນ

el aerogenerador

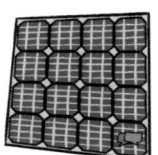

ແຜງໂຊລາເຊລ

el panel solar

ສະພາບອາກາດ

el clima

ຄົນເສີບຂາຍ
el mozo

ລາຍການອາຫານ
el menú

ຕັ່ງນັ່ງ
la silla

ຊຸບ
la sopa

ພິສຊາ
la pizza

ຜ້າປູໂຕະ
el mantel

ເຄື່ອງໃຊ້ເທິງໂຕະອາຫານ
los cubiertos

ອາຫານເລີ່ມຕົ້ນ
la entrada

ອາຫານຈານຫຼັກ
el plato principal

ຂອງຫວານ
el postre

ເຄື່ອງດື່ມ
las bebidas

ອາຫານ
la comida

ຂວດແກ້ວ
la botella

ອາຫານຈານດ່ວນ

la comida rápida

ຮ້ານຂ້າງທາງ

la comida callejera

ເຕົ້ານ້ຳຊາ

la tetera

ຖ້ວຍນ້ຳຕານ

la azucarera

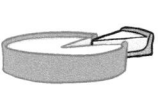

ສ່ວນແບ່ງອາຫານສຳລັບທີ່ງຄົນ

la porción

ເຄື່ອງຊົງກາເຟເອສເປຣສໂຊ

la cafetera expreso

ເກົ້າອີ້ສູງ

la sillita alta

ໃບເກັບເງິນ

la cuenta

ຖາດ

la bandeja

ມີດ

el cuchillo

ສ້ອມ

el tenedor

ບ່ວງ

la cuchara

ຊ້ອນຊາ

la cucharita

ຜ້າເຊັດປາກຢູ່ໂຕະອາຫານ

la servilleta

ຈອກແກ້ວ

el vaso

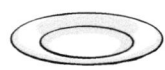

ຈານ

el plato

ຈານຂຸບ

el plato hondo

ຈານຮອງ

el plato

ຊອສ

la salsa

ກະປຸກເກືອ

el salero

ກະປຸກພິກໄທ

el molinillo de pimienta

ນ້ຳສົ້ມສາຍຊູ

el vinagre

ນ້ຳມັນພືດ

el aceite

ເຄື່ອງເທດ

las especias

ຊອສໝາກເດັ່ນ

el kétchup

ຜັກຈ້ຳພວກຜັກກາດ

la mostaza

ມາຍອນເນສ

la mayonesa

ຊຸບເປີມາກເກັດ
el supermercado

ຂໍ້ສະເໜີພິເສດ
la oferta especial
FOR
ລູກຄ້າ
el cliente
ຜະລິດຕະພັນທີ່ເຮັດຈາກນົມ
los lácteos
ໝາກໄມ້
la fruta
ລົດຊຸກ
el changuito

BUTCHERS
ຮ້ານຂາຍຊີ້ນ
....
la carnicería

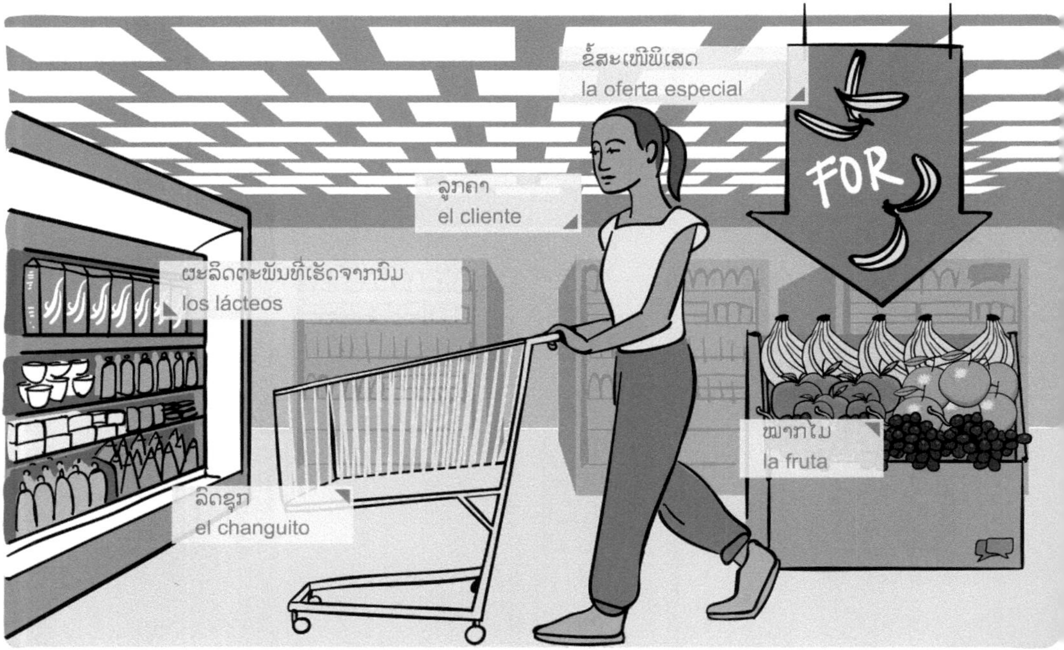

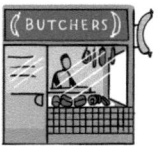

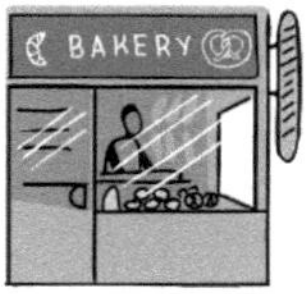

BAKERY
ຮ້ານຂາຍເຂົ້າໜົມປັງ
....
la panadería

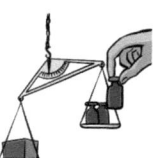

ຊັ່ງນ້ຳໜັກ
....
pesar

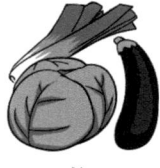

ຜັກ
....
las verduras

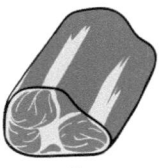

ຊີ້ນ
....
la carne

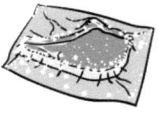

ອາຫານແຊ່ແຂງ
....
los alimentos congelados

ຊີ້ນເຢັນ

los fiambres

ອາຫານກະປ໋ອງ

los alimentos enlatados

ແຝ່ງຊັກເຄື່ອງ

el detergente en polvo

ເຂົ້າໜົມຫວານ

las golosinas

ຜະລິດຕະພັນໃນຄົວເຮືອນ

los electrodomésticos

ຜະລິດຕະພັນທຳຄວາມສະອາດ

los productos de limpieza

ພະນັກງານຂາຍຍິງ

la vendedora

ເຄື່ອງຄິດເງິນ

la caja

ພະນັກງານເກັບສິດ

el cajero

ລາຍການຊື້ເຄື່ອງ

la lista de compras

ເວລາເປີດເຮັດວຽກ

el horario de atención

ກະເປົາເງິນ

la billetera

ບິດເຄຣດິດ

la tarjeta de crédito

ຖົງ

la cartera

ຖົງຢາງ

la bolsa de plástico

las bebidas

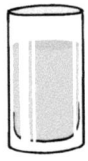

ນ້ຳ
el agua

ນ້ຳໝາກໄມ້
el jugo

ນົມ
la leche

ໂຄກ
la bebida cola

ວາຍ
el vino

ເບຍ
la cerveza

ເຫຼົ້າ
el alcohol

ໂກໂກ້
el cacao

ຊາ
el té

ກາເຟ
el café

ເອສເປຣສໂຊ
el café expreso

ຄາປູຊິໂນ
el cappuccino

la comida

ໝາກກ້ວຍ

la banana

ແອັບເປິ້ນ

la manzana

ໝາກກ້ຽງ

la naranja

ໝາກໂມ

el melón

ໝາກນາວ

el limón

ທົວກະຣິດ

la zanahoria

ຜັກທຽມ

el ajo

ຕົ້ນໄຜ່

el bambú

ຫອມບົ່ວ

la cebolla

ເຫັດ

el champiñón

ຖົ່ວ

las nueces

ເສັ້ນໝີ່

los fideos

ສະປາແກັດຕີ້
....
los tallarines

ເຂົ້າ
....
el arroz

ສະຫຼັດ
....
la ensalada

ມັນຝຣັ່ງທອດ
....
las papas fritas

ມັນຝຣັ່ງທອດ
....
las papas fritas

ພິສຊາ
....
la pizza

ແຮມເບີເກີ້
....
la hamburguesa

ແຊນວິດຈ໌
....
el sándwich

ຊີ້ນຕິດກະດູກ
....
el churrasco

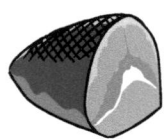

ແຮມ
....
el jamón

ໄສ້ກອກແຫ້ງຊາລາມິ
....
el salame

ໄສ້ກອກ
....
la salchicha

ໄກ່
....
el pollo

ຍ້າງ
....
el asado

ປາ
....
el pescado

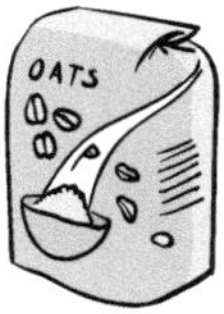

ເຂົ້າປຽກເຂົ້າໂອດ

los copos de avena

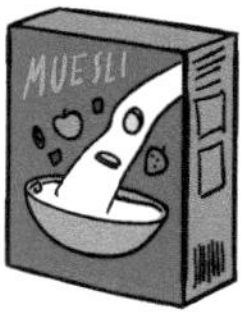

ອາຫານຊະນິດເປັນເມັດກອບ

el muesli

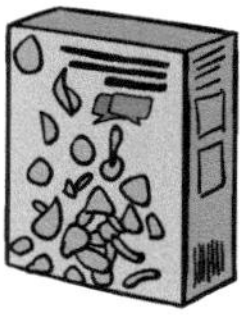

ເຂົ້າຊຽບເປັນປ່ຽງນ້ອຍໆ

los copos de maíz

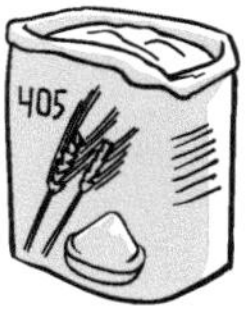

ເຂົ້າແປ້ງ

la harina

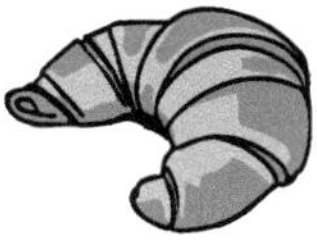

ເຂົ້າຈີ່ຊະນິດໜຶ່ງມີຮູບເດືອນເຄິ່ງ
ໜວຍ

la medialuna

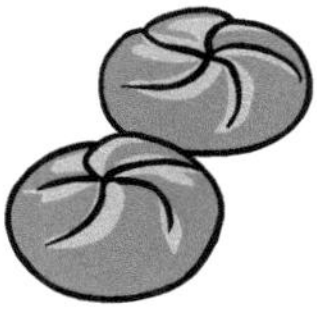

ເຂົ້າໜົມປັງແບບມ້ວນ

el pancito

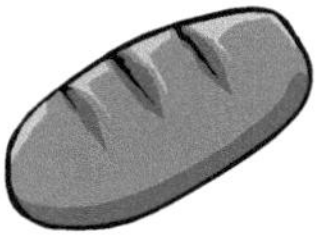

ເຂົ້າໜົມປັງ

el pan

ເຂົ້າໜົມປັງປີ້ງ

la tostada

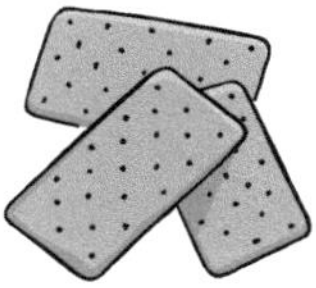

ເຂົ້າໜົມປັງຊະນິດກ້ອນນ້ອຍ

las galletitas

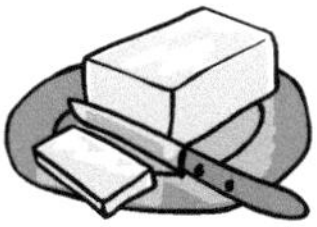

ເນີຍ

la manteca

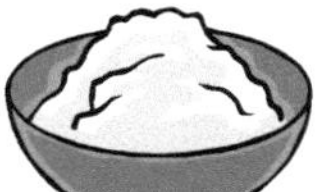

ນ້ຳນົມແຂ້ນ

la cuajada

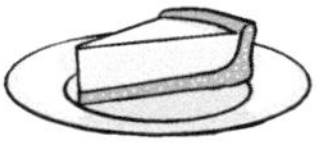

ເຄກ

la torta

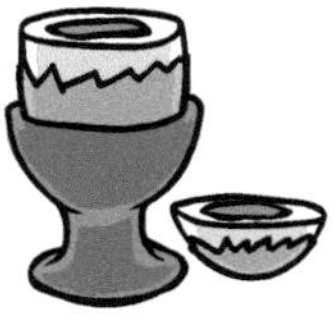

ໄຂ່

el huevo

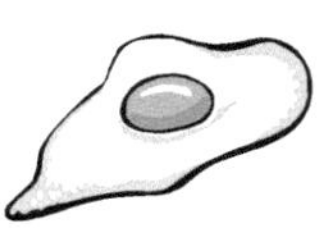

ໄຂ່ດາວ

el huevo frito

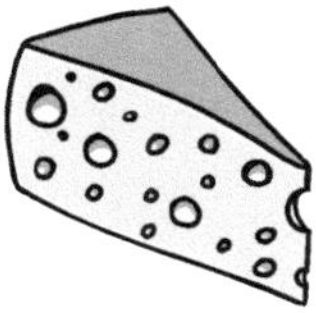

ເນີຍແຂງ

el queso

ກະແລ້ມ

el helado

ນ້ຳຕານ

el azúcar

ນ້ຳເຜິ້ງ

la miel

ແຍມ

la mermelada

ຊ້ອກໂກແລັດຄຣິມສະເປຣດ

la pasta de chocolate

ກະລີ່

el curry

ຟາມ
la granja

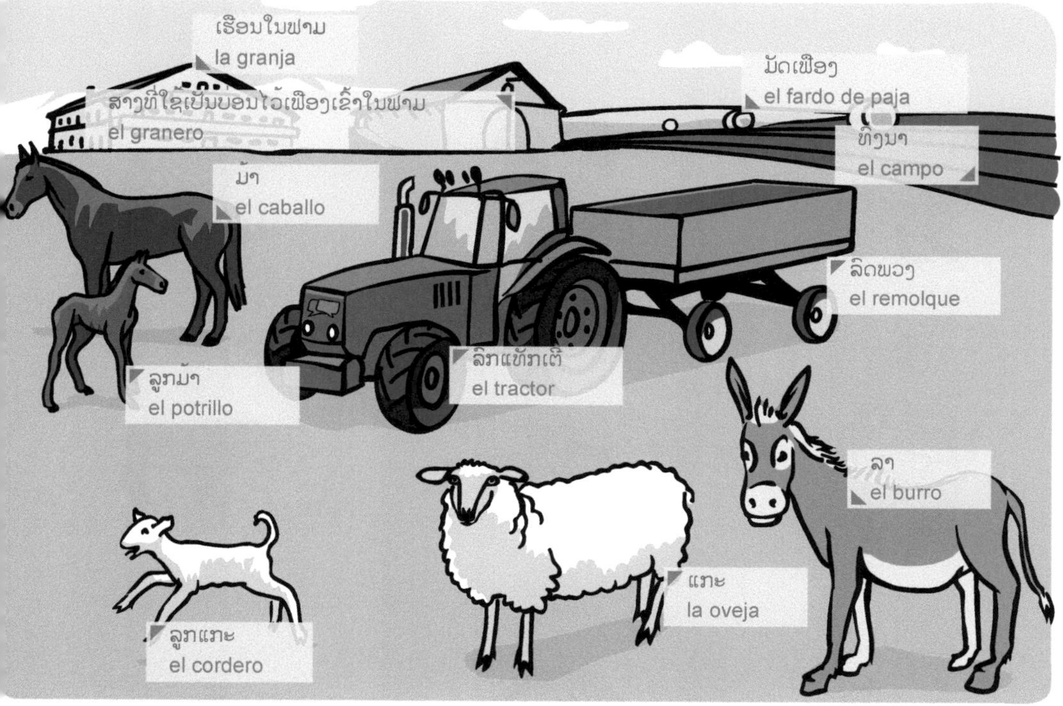
ເຮືອນໃນຟາມ
la granja
ສາງທີ່ໃຊ້ເປັນບ່ອນໄວ້ເຟືອງເຂົ້າໃນຟາມ
el granero
ມັດເຟືອງ
el fardo de paja
ທົ່ງນາ
el campo
ມ້າ
el caballo
ລົດພ່ວງ
el remolque
ລົດແທັກເຕີ
el tractor
ລູກມ້າ
el potrillo
ລາ
el burro
ແກະ
la oveja
ລູກແກະ
el cordero

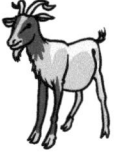

ແກະ
la cabra

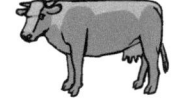

ງົວຕົວແມ່
la vaca

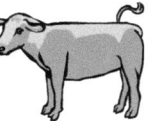

ລູກງົວ
el ternero

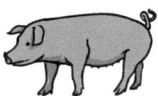

ໝູ
el cerdo

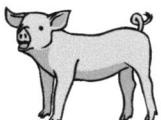

ລູກໝູ
el lechón

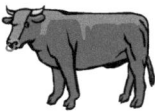

ງົວຕົວຜູ້
el toro

ຫ່ານ

el ganso

ເປັດ

el pato

ລູກໄກ່

el pollo

ແມ່ໄກ່

la gallina

ໄກ່ຜູ້

el gallo

ໜູ

la rata

ແມວ

el gato

ໜູ

el ratón

ງົວຕົວຜູ້

el buey

ໝາ

el perro

ຄອກໝາ

la cucha

ສາຍທໍ່ຍາງທີ່ໃຊ້ໃນສວນ

la manguera

ຂໍວຫິດຕົ້ນໄມ້

la regadera

ກ່ຽວຕ້າມຍາວ

la guadaña

ຄັນໄຖ

el arado

ກ່ຽວ

la hoz

ຈົກ

la azada

ຄາດ

la horquilla

ຂວານ

el hacha

ລົດຍູ້ລໍ້ດຽວ

la carretilla

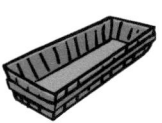

ທາງລົມ

el abrevadero

ບ່ວງນົມ

la lechera

ກະສອບ

la bolsa

ຮົ້ວ

la reja

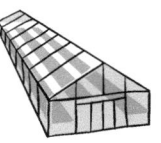

ຄອກມ້າ

el establo

ເຮືອນກະຈົກ

el invernadero

ດິນ

el suelo

ແກ່ນ

la semilla

ປຸ໋ຍ

el fertilizador

ເຄື່ອງກ່ຽວເຂົ້າ

la cosechadora

ເກັບກ່ຽວ

cosechar

ການເກັບກ່ຽວ

la cosecha

ເຜືອກ

las batatas

ເຂົ້າສາລີ

el trigo

ຖົ່ວເຫຼືອງ

la soja

ມັນຝັ່ງ

la papa

ເຂົ້າໂພດ

el maíz

ດອກເຣພຊິດ

la semilla de colza

ຕົ້ນໄມ້ທີ່ອອກໝາກ

el árbol frutal

ມັນຕົ້ນ

la mandioca

ພິດຊະບິດເມັດ

los cereales

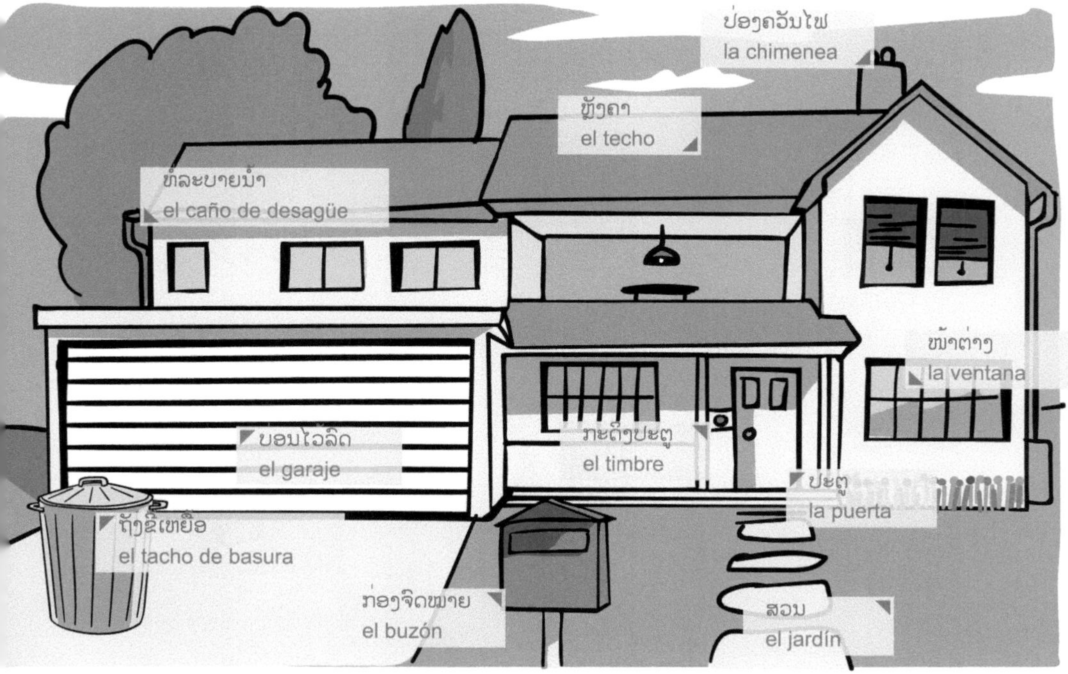

la casa

ປ່ອງຄວັນໄຟ
la chimenea

ຫຼັງຄາ
el techo

ທໍ່ລະບາຍນ້ຳ
el caño de desagüe

ພັກຕ່າງໆ
la ventana

ບອນໄວ້ລົດ
el garaje

ກະດິ່ງປະຕູ
el timbre

ປະຕູ
la puerta

ຖັງຂີ້ເຫຍື້ອ
el tacho de basura

ກ່ອງຈົດໝາຍ
el buzón

ສວນ
el jardín

ຫ້ອງຮັບແຂກ
el living

ຫ້ອງນ້ຳ
el baño

ຫ້ອງຄົວ
la cocina

ຫ້ອງນອນ
el dormitorio

ຫ້ອງພັກສຳລັບເດັກນ້ອຍ
el cuarto de los chicos

ຫ້ອງອາຫານ
el comedor

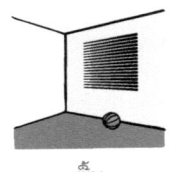

ພື້ນ

el piso

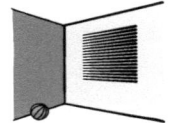

ຝາຜະໜັງ

la pared

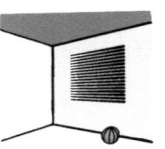

ເພດານ

el cielorraso

ຫ້ອງເກັບເຄື່ອງໃຕ້ດິນ

el sótano

ຫ້ອງອົບອາຍນ້ຳ

el sauna

ລະບຽງ

el balcón

ຊຸ້ນຕາມຂ້າງພູ

la terraza

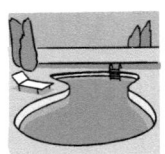

ສະລອຍນ້ຳ

la pileta

ເຄື່ອງຕັດຫຍ້າ

la cortadora de pasto

ຜ້າປູບ່ອນນອນ

la sábana

ຜ້າປູຕຽງ

el acolchado

ຕຽງ

la cama

ຟອຍ

la escoba

ຖຸ

el balde

ສະວິດ

el interruptor

ຫ້ອງຮັບແຂກ
el living

ພາບພື້ນຫຼັງ
el empapelado
ຮູບພາບ
la imagen
ໂຄມໄຟ
la lámpara
ຊັ້ນວາງຂອງ
el estante
ຕູ້
el armario
ໂທລະທັດ
la televisión
ເຕົາຜິງ
la chimenea
ດອກໄມ້
la flor
ເບາະນັ່ງ
el almohadón
ໂຊຟາ
el sofá
ໂຖໃສ່ດອກໄມ້
el florero
ຣີໂໝດຄວບຄຸມ
el control remoto

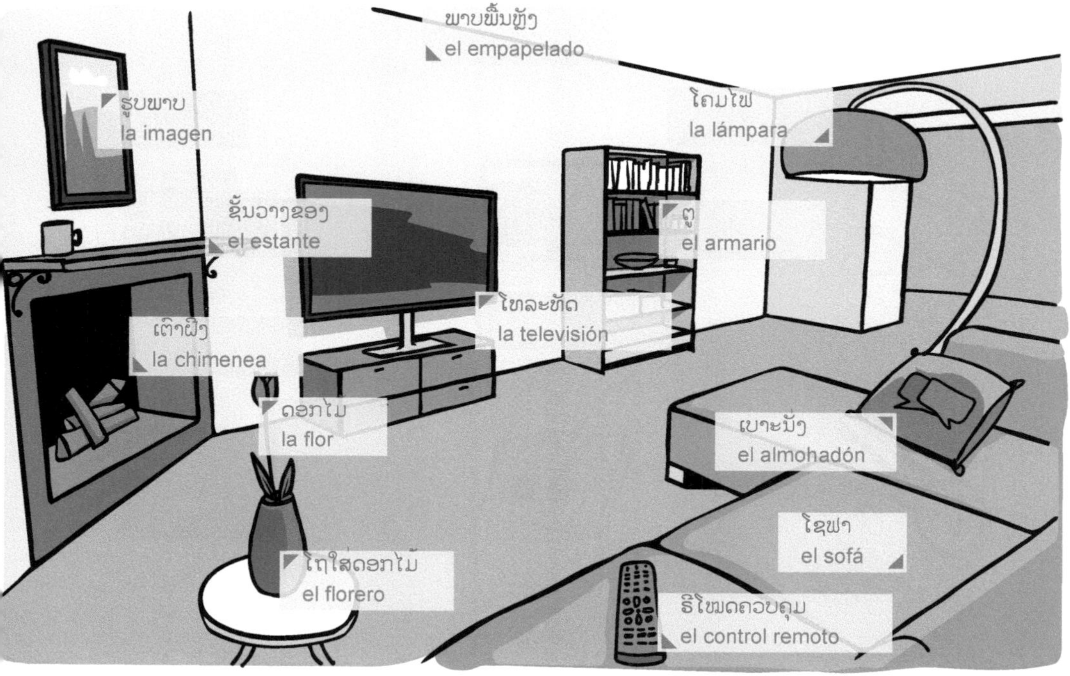

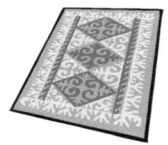

ພົມປູພື້ນ
la alfombra

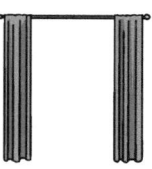

ຜ້າກັ້ງ
la cortina

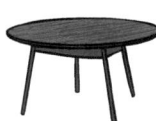

ໂຕະ
la mesa

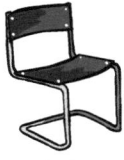

ຕັ່ງນັ່ງ
la silla

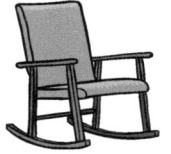

ຕັ່ງນັ່ງແບບໂຍກໄດ້
la mecedora

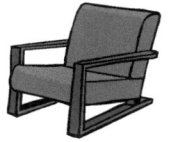

ຕັ່ງນັ່ງທີ່ມີບ່ອນວາງແຂນ
el sillón

ໜັງສື

el libro

ຜ້າຫົ່ມ

la frazada

ຂອງຕົກແຕ່ງ

la decoración

ຟືນ

la leña

ຮູບເງົາ

la película

ເຄື່ອງສຽງລະບົບໄຮໄຟ

el equipo de música

ກະແຈ

la llave

ໜັງສືພິມ

el diario

ການແຕ້ມຮູບ

la pintura

ໂປສເຕີ

el póster

ວິທະຍຸ

la radio

ແຜ່ນບັນທຶກ

el cuaderno

ເຄື່ອງດູດຝຸ່ນ

la aspiradora

ຕົ້ນກະບອງເພັດ

el cactus

ທຽນໄຂ

la vela

la cocina

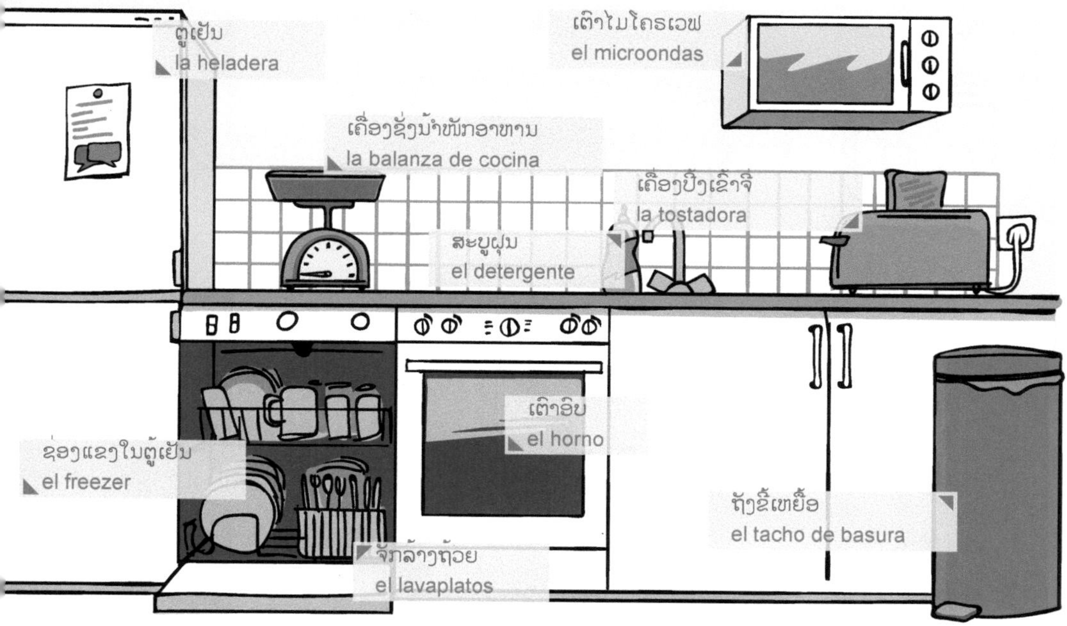

ຕູ້ເຢັນ
la heladera

ເຕົາໄມໂຄຣເວຟ
el microondas

ເຄື່ອງຊັ່ງນ້ຳໜັກອາຫານ
la balanza de cocina

ເຄື່ອງປີ້ງເຂົ້າຈີ່
la tostadora

ສະບູຝຸ່ນ
el detergente

ຊ່ອງແຊງໃນຕູ້ເຢັນ
el freezer

ເຕົາອົບ
el horno

ຖັງຂີ້ເຫຍື້ອ
el tacho de basura

ຈັກລ້າງຖ້ວຍ
el lavaplatos

ໝໍ້ຕົ້ມ
....
la cocina

ໝໍ້
....
la olla

ໝໍ້ເຫຼັກາຫຼໍ່
....
la olla de hierro fundido

ໝໍ້ກະທະຈີນ
....
el wok

ໝໍກະທະກົ້ນແບນ
....
la sartén

ກາຕົ້ມນ້ຳ
....
la pava

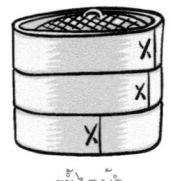

ໝໍ້ໄອນ້ຳ

la vaporera

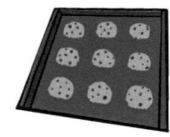

ຖາດອົບ

la bandeja de horno

ເຄື່ອງຖ້ວຍຊາມ

la vajilla

ຈອກທິມ

la taza

ຖ້ວຍ

el bol

ໄມ້ທູ່

los palitos

ຈອງດ້າມຍາວ

el cucharón

ຕະຫຼິວ

la espátula

ເຄື່ອງຕີໄຂ່

la batidora

ກະຊອນ

el colador

ເຄື່ອງຣ່ອນ

el colador

ເຫຼັກຂູດ

el rallador

ຄົກ

el mortero

ບາບີຄິວ

la parrilla

ແຄມໄຟຫຼາວອນ

la fogata

ຂຽງ

la tabla de picar

ໄມ້ນວດແປ້ງ

el palo de amasar

ເຫັກໄຂດອນແກ້ວ

el sacacorchos

ກະປ໋ອງ

la lata

ເຄື່ອງເປີດກະປ໋ອງ

el abrelatas

ຖົງມືຈັບຂອງຮ້ອນ

la manopla

ອ່າງລ້າງຈານ

la pileta

ແປງ

el cepillo

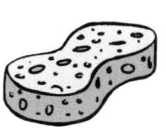

ຟອງນ້ຳ

la esponja

ເຄື່ອງປັ່ນ

la batidora

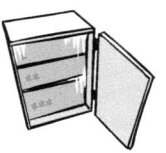

ຕູ້ແຊ່ແຂງ

el congelador

ຂວດນົມ

la mamadera

ກ໊ອກນ້ຳ

la canilla

el baño

ຝັກບົວ
la ducha

ເຄື່ອງທຳຄວາມຮ້ອນ
la calefacción

ຜ້າເຊັດໂຕ
la toalla

ຜ້າກັ້ງຫ້ອງນ້ຳ
la cortina de la ducha

ສະບູທຳຟອງ
el baño de espuma

ອ່າງອາບນ້ຳ
la bañadera

ຈອກແກ້ວ
el vaso

ຈັກຊັກຜ້າ
el lavarropas

ທໍ່ກນ້ຳ
la canilla

ກະເບື້ອງ
las baldosas

ຫຼວຍຢ່ວ
la pelela

ອ່າງລ້າງຈາມ
la pileta

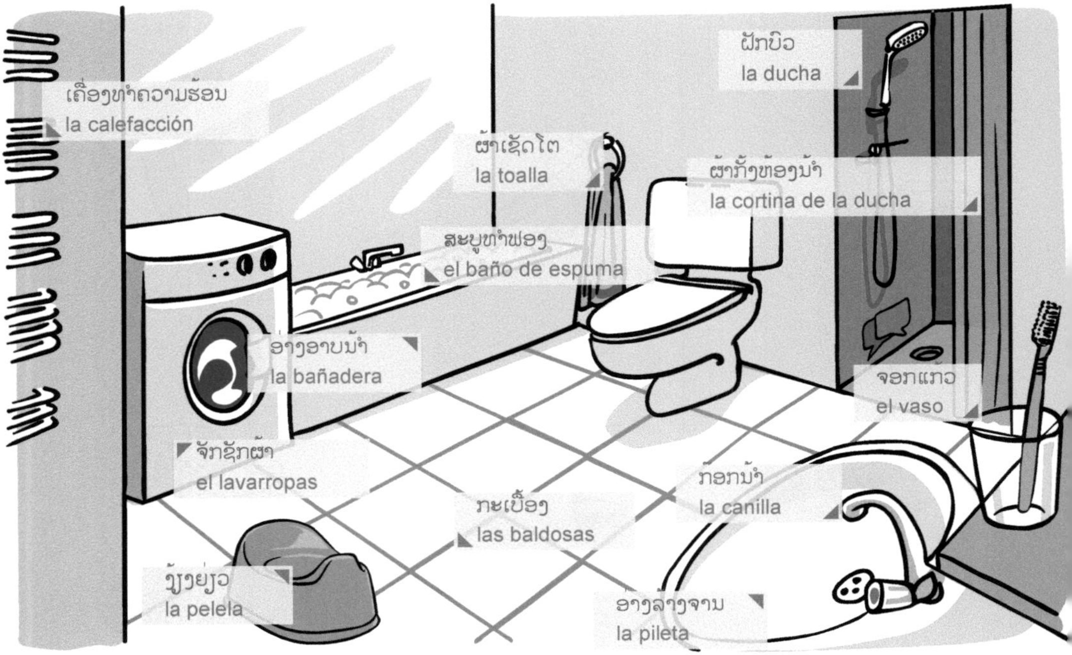

ຫ້ອງສ້ວມ
....
el inodoro

ໂຖສ້ວມແບບນັ່ງຢອງ
....
la letrina

ໂຖຢ່ວຂອງຜູ້ຍິງ
....
el bidé

ໂຖຢ່ວຂອງຜູ້ຊາຍ
....
el mingitorio

ກະດາດຊຳລະທີ່ໃຊ້ໃນຫ້ອງນ້ຳ
....
el papel higiénico

ແປງຂັດຫ້ອງນ້ຳ
....
el cepillo para el inodoro

ແປງສີຟັນ

el cepillo de dientes

ຍາສີຟັນ

el dentífrico

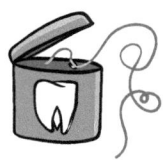

ໄໝຂັດແຂ້ວ

el hilo dental

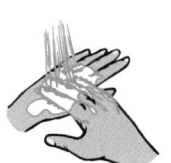

ລ້າງ

lavar

ຝັກບົວອາບນ້ຳທີ່ໃຊ້ມືຈັບ

la ducha de mano

ເຄື່ອງສິດລ້າງ

la ducha higiénica

ອ່າງລ້າງໜ້າ

la palangana

ແປງຖູຫຼັງ

el cepillo para la espalda

ສະບູ

el jabón

ເຈລອາບນ້ຳ

el gel de ducha

ແຊມພູ

el shampoo

ຜ້າຖູໂຕນ້ອຍ

la toallita

ທໍ່ລະບາຍນ້ຳເສຍ

el desagüe

ຄິມ

la crema

ຍາດັບກິ່ນ

el desodorante

ແວ່ນແຍງ

el espejo

ແວ່ນມືຖື

el espejito

ມີດແຖຂວດ

la maquinita de afeitar

ໂຟມແຖຂວດ

la espuma de afeitar

ໂລຊັ່ນບຳລຸຜິວຫຼັງແຖຂວດ

el aftershave

ຫວີ

el peine

ແປງ

el cepillo

ຈັກເປົ່າຜົມ

el secador de pelo

ສະເປຊີດຜົມ

el spray

ຊຸດເຄື່ອງສຳອາງ

el maquillaje

ລິບສະຕິກທາສົບ

el lápiz de labios

ນ້ຳຢາທາເລັບ

el esmalte para uñas

ສຳລີ

el algodón

ມີດຕັດເລັບ

la tijera para uñas

ນ້ຳຫອມ

el perfume

ກະເປົາອາບນ້ຳ
....
el portacosméticos

ຕັ່ງສາມຂາ
....
la banqueta

ເຄື່ອງຊັ່ງນ້ຳໜັກ
....
la balanza

ເສື້ອຄຸມອາບນ້ຳ
....
la bata

ຖົງມືຢາງ
....
los guantes de goma

ຜ້າອະນາໄມແບບສອດ
....
el tampón

ຜ້າອະນາໄມ
....
la toallita femenina

ຫ້ອງນ້ຳເຄມີ
....
el baño químico

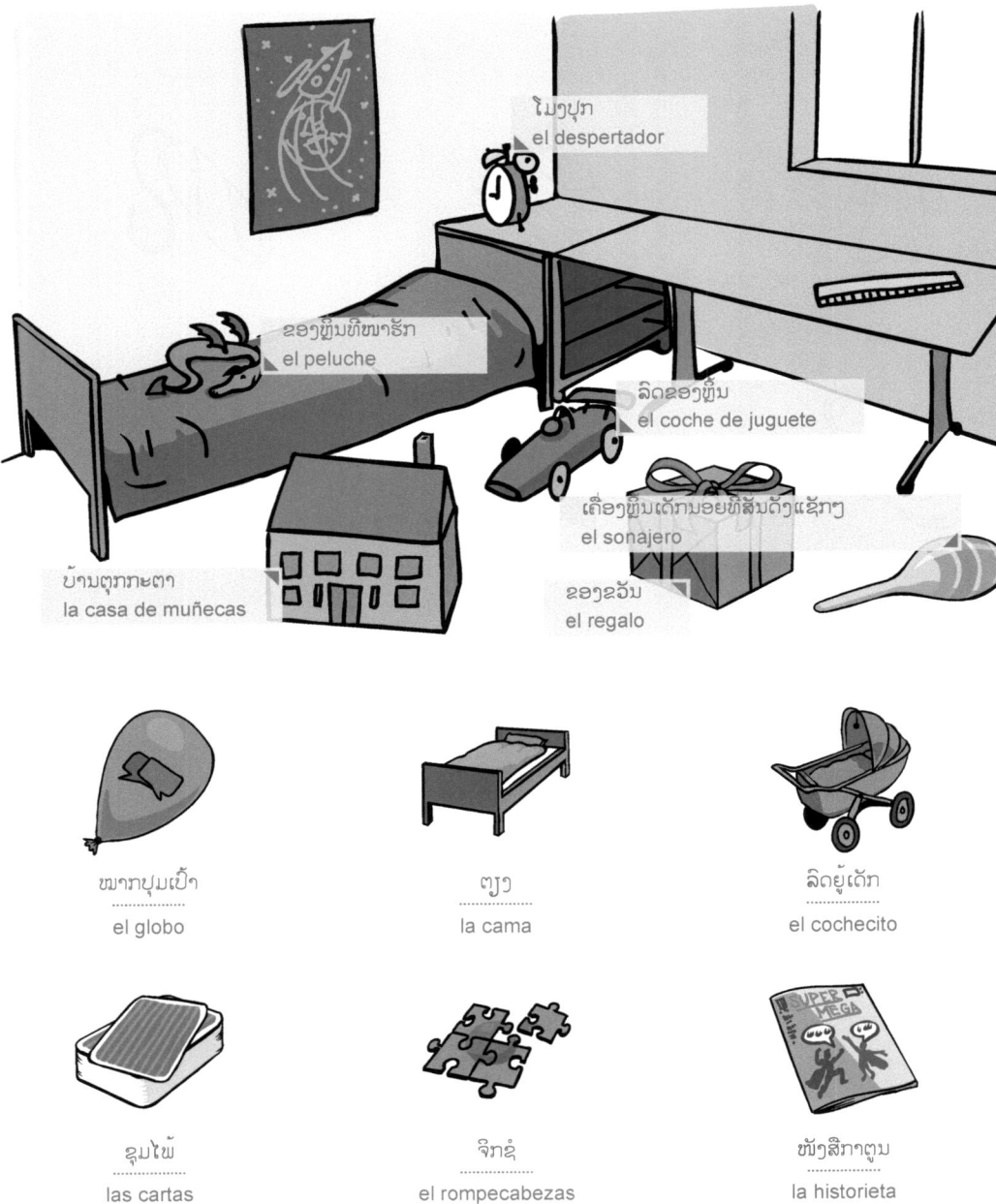

ໂມງປຸກ
el despertador

ຂອງຫຼິ້ນທີ່ຫນ້າຮັກ
el peluche

ລົດຂອງຫຼິ້ນ
el coche de juguete

ເຄື່ອງຫຼິ້ນເດັກນ້ອຍທີ່ສັ່ນດັ່ງແຊ້ກໆ
el sonajero

ບ້ານຕຸກກະຕາ
la casa de muñecas

ຂອງຂວັນ
el regalo

ໝາກບຸມເບັ້າ
el globo

ຕຽງ
la cama

ລົດຍູ້ເດັກ
el cochecito

ຊຸມໄພ້
las cartas

ຈິກຊໍ
el rompecabezas

ໜັງສືກາຕູນ
la historieta

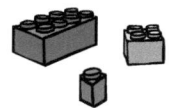

ຕິວຕໍ່ເລໂກ້

las piezas de lego

ບລ໊ອກຂອງຫຼິ້ນ

los ladrillos de juguete

ຮູບປັ້ນທີ່ເຄື່ອນໄຫວໄດ້

la figura de acción

ເສື້ອຜ້າເດັກເກີດໃໝ່

el enterito (de bebé)

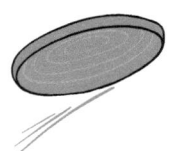

ຈານບິນ

el frisbee

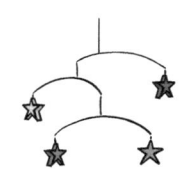

ສິ່ງທີ່ແກວ່ງໄປມາແຂນຢູ່ເທິງທິວ
ຫ້ວງເດັກນ້ອຍ

el móvil para bebés

ເກມກະດານ

el juego de mesa

ໝາກກະລ໊ອກ

los dados

ຂຸດລົດໄຟຈຳລອງ

el tren eléctrico

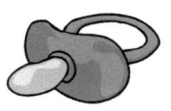

ຮູບທຸ່ມ

el chupete

ງານລ້ຽງ

la fiesta

ໜັງສືພາບ

el libro de cuentos ilustrado

ໝາກບານ

la pelota

ຕຸກກະຕາ

la muñeca

ຫຼິ້ນ

jugar

ຂຸມດິນຊາຍສຳລັບເດັກນ້ອຍຫຼິ້ນ

el arenero

ຊິງຊ້າ

la hamaca

ຂອງຫຼິ້ນ

los juguetes

ເຄື່ອງຫຼິ້ນວິດີໂອເກມ

la consola de videojuegos

ລົດຖີບສາມລໍ້

el triciclo

ຕຸກກະຕາໝີ

el osito de peluche

ຕູ້ເສື້ອຜ້າ

el armario

ລອງເທົ້າ

las medias

ຖົງເທົ້າຍາວຜູ້ຍິງ

las medias panty

ໂສ້ງຢືດແບບເນື້ອ

las calzas

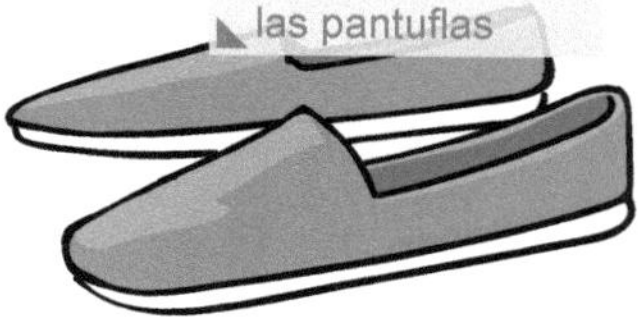

ຜ້າພັນຄໍ
la bufanda

ຄັນຮົ່ມ
el paraguas

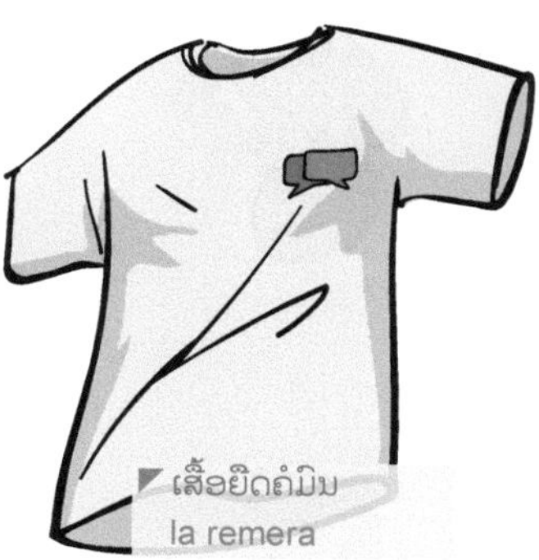

ເສື້ອຍືດຄໍມົນ
la remera

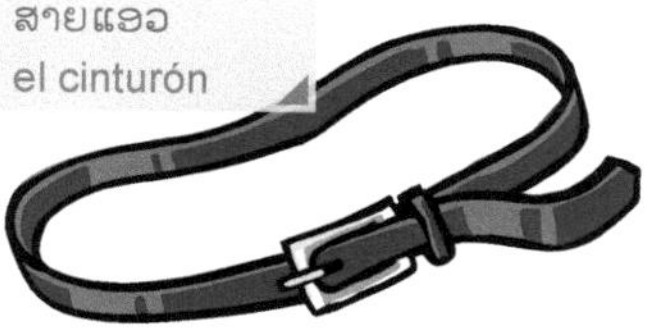

ສາຍແອວ
el cinturón

ເກີບຕີລາ
las zapatillas

ເກີບບູດທ
las botas

ເກີບແຕະ
las pantuflas

ເກີບຮັດດານ

las sandalias

ເກີບ

los zapatos

ເກີບບູດທ່ຍາງ

las botas de goma

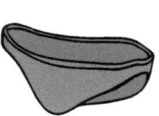

ໂສ້ງຊ້ອນໃນ

la ropa interior

ເສື້ອຊ້ອນໃນ

el corpiño

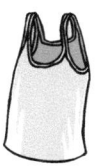

ເສື້ອກ້າມ

el chaleco

ເສື້ອຮັດທຸ່ນ

el body

ໂສ້ງຂາຍາວ

los pantalones

ໂສ້ງຢິນ

los jeans

ກະໂປ່ງ

la pollera

ເສື້ອຜູ້ຍິງ

la blusa

ເສື້ອເຊີດ

la camisa

ເສື້ອກັນໜາວ

el pulóver

ເສື້ອຄຸມມີໝວກ

el buzo

ເສື້ອໃຫຍ່ທີ່ຕິດກາໂຕງຮຽນຫຼືກາທິ
ນກິລາ

el blazer

ເສື້ອແຈັກເກັດ

la campera

ເສື້ອນອກ

el tapado

ເສື້ອກັນຝົນ

el piloto

ເຄື່ອງແຕ່ງກາຍ

el traje

ກະໂປ່ງ

el vestido

ຊຸດແຕ່ງງານ

el vestido de novia

46   ເສື້ອຜ້າ - la ropa

ເສື້ອສູດ

el traje

ຊຸດລາຕິ

el camisón

ຊຸດນອນ

el pijama

ຊຸດຊາຣິ

el sari

ຜ້າຄຸມຫົວ

el pañuelo para la cabeza

ຜ້າພັນຫົວ

el turbante

ເສື້ອບຸຣຸເກາະ

la burka

ເສື້ອຄຸມຄາຟຕານ

el caftán

ເສື້ອຄຸມອາບາຍາ

la abaya

ຊຸດລອຍນ້ຳ

el traje de baño

ໂສ້ງໃສ່ລອຍນ້ຳ

el short de baño

ໂສ້ງຂາສັ້ນ

los shorts

ຊຸດວອມ

el jogging

ຜ້າກັນເປື້ອນ

el delantal

ຖົງມື

los guantes

ກະດຸມ

el botón

ແອ່ນຕາ

los anteojos

ປອກແຂນ

la pulsera

ສ້ອຍຄໍ

el collar

ແຫວນ

el anillo

ຕຸ້ມຫູ

el aro

ໝວກແກ໊ບ

la gorra

ກ້ງແຂນເສື້ອນອກ

la percha

ໝວກ

el sombrero

ກາລະຫວັດ

la corbata

ຊິບ

el cierre

ໝວກກັນກະທົບ

el casco

ສາຍໂຍງໂສ້ງ

los tiradores

ຊຸດນັກຮຽນ

el uniforme escolar

ເຄື່ອງແບບ

el uniforme

ຜ້າກັນເປື້ອນເດັກ

el babero

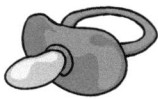

ຣູບທຸ່ມ

el chupete

ຜ້າອ້ອມ

el pañal

ຫ້ອງການ
la oficina

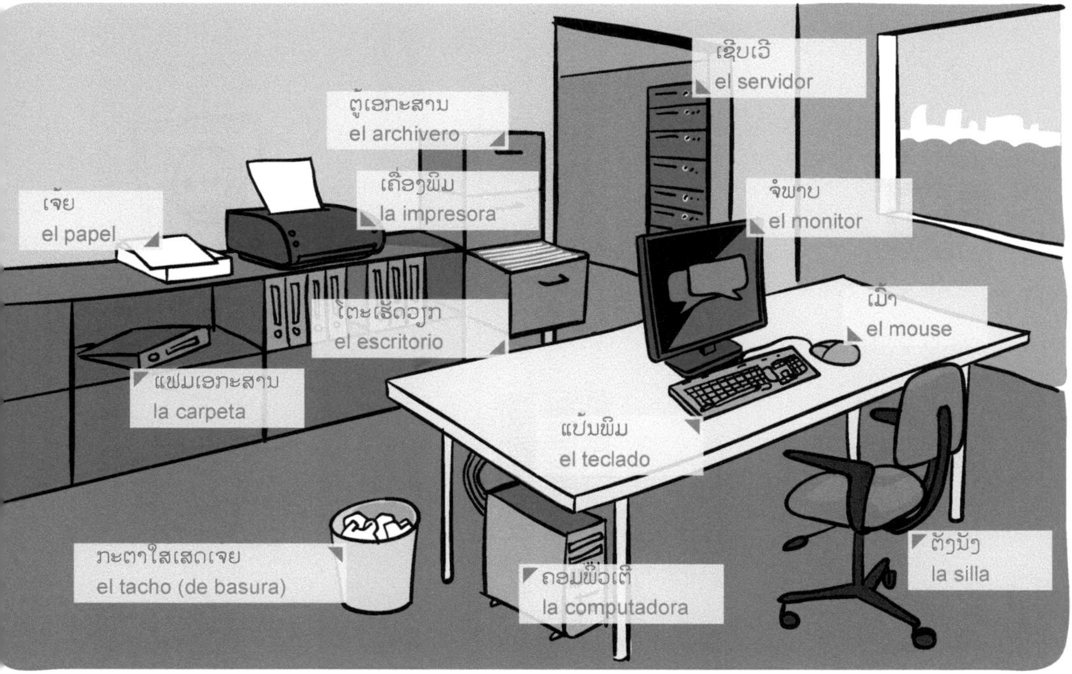

ເຊີບເວີ
el servidor

ຕູ້ເອກະສານ
el archivero

ເຄື່ອງພິມ
la impresora

ຈໍພາບ
el monitor

ເຈ້ຍ
el papel

ໂຕະເຮັດວຽກ
el escritorio

ເມົ້າ
el mouse

ແຟ້ມເອກະສານ
la carpeta

ແປ້ນພິມ
el teclado

ກະຕາໃສ່ເສດເຈ້ຍ
el tacho (de basura)

ຄອມພິວເຕີ
la computadora

ຕັ່ງນັ່ງ
la silla

ຈອກກິນໃສ່ກາເຟ

la taza de café

ເຄື່ອງຄິດເລກ

la calculadora

ອິນເຕີເນັດ

el internet

ຄອມພິວເຕີແລັບທັອບ

la laptop

ຈິດໝາຍ

la carta

ຂໍ້ຄວາມ

el mensaje

ໂທລະສັບມິຖິ

el celular

ເຄືອຂ່າຍ

la red

ເຄື່ອງຖ່າຍເອກະສານ

la fotocopiadora

ຊອບແວ

el software

ໂທລະສັບ

el teléfono

ປັກໄຟ

el tomacorriente

ເຄື່ອງແຟັກ

el fax

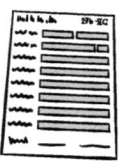

ແບບຟອມ

el formulario

ເອກະສານ

el documento

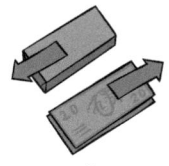

ຊື້

comprar

ຈ່າຍ

pagar

ຄ້າຂາຍ

hacer negocios

ເງິນ

el dinero

ເງິນດອນລາ

el dólar

ເງິນຢູໂຣ

el euro

ເງິນເຢນ

el yen

ເງິນຣູເບິລ

el rublo

ເງິນຟຣັງສະວິດ

el franco suizo

ເງິນຢວນເຣິນໝິນບີ້

el yuan

ເງິນຮູປີ

la rupia

ເຄື່ອງສຳລັບກົດເງິນສົດຈາກທະນາຄານ

el cajero automático

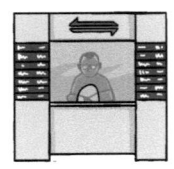

ບ່ອນແລກປ່ຽນເງິນຕາ

la casa de cambio

ທອງຄຳ

el oro

ເງິນ

la plata

ນ້ຳມັນ

el petróleo

ພະລັງງານ

la energía

ລາຄາ

el precio

ສັນຍາ

el contrato

ພາສີ

el impuesto

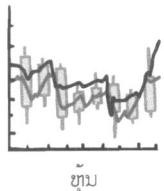

ຫຸ້ນ

la acción

ເຮັດວຽກ

trabajar

ລູກຈ້າງ

el empleado

ນາຍຈ້າງ

el empleador

ໂຮງງານ

la fábrica

ຮ້ານຄ້າ

el negocio

las ocupaciones

ເຈົ້າໜ້າທີ່ຕຳຫຼວດ
el policía

ພະນັກງານດັບເພີງ
el bombero

ໝໍຄົວ
el cocinero

ຫາງໝໍ
el médico

ນັກບິນ
el piloto

ຊາວສວນ
el jardinero

ຊ່າງໄມ້
el carpintero

ຊ່າງຫຍິບຜ້າທີ່ເປັນຜູ້ຍິງ
la modista

ຜູ້ພິພາກສາ
el juez

ນັກເຄມີ
el farmacéutico

ນັກສະແດງຊາຍ
el actor

ຄົນຂັບລົດເມປະຈຳທາງ

el colectivero

ຄົນຂັບແທັກຊີ

el taxista

ຊາວປະມົງ

el pescador

ແມ່ບ້ານທຳຄວາມສະອາດ

la mucama

ຊ່າງມຸງຫົວຄາ

el techista

ຄົນເສີບຂາຍ

el mozo

ນາຍພານ

el cazador

ຊ່າງຫາສິ

el pintor

ຄົນເຮັດເຂົ້າໜົມປັ້ງ

el panadero

ຊ່າງໄຟຟ້າ

el electricista

ຊ່າງກໍ່ສ້າງ

el albañil

ວິສະວົກອນ

el ingeniero

ຄົນຂາຍຊີ້ນ

el carnicero

ຊ່າງນ້ຳປະປາ

el plomero

ບູລຸດໄປສະນີ

el cartero

ທະຫານ

el soldado

ສະຖາປະນິກ

el arquitecto

ພະນັກງານເກັບເງິນ

el cajero

ຄົນຂາຍດອກໄມ້

el florista

ຊ່າງແຕ່ງຜົມ

el peluquero

ພະນັກງານກວດປີ້ລົດ

el cobrador

ຊ່າງສ້ອມລົດຍົນ

el mecánico

ຜູ້ບັງຄັບການ

el capitán

ທັນຕະແພດ

el dentista

ນັກວິທະຍາສາດ

el científico

ພະໃນສາສະໜາຢິວ

el rabino

ຜູ້ນຳຊາວມຸສລິມ

el imán

ຖຸບາ

el monje

ນັກບວດ

el sacerdote

ເຄືອງມື

las herramientas

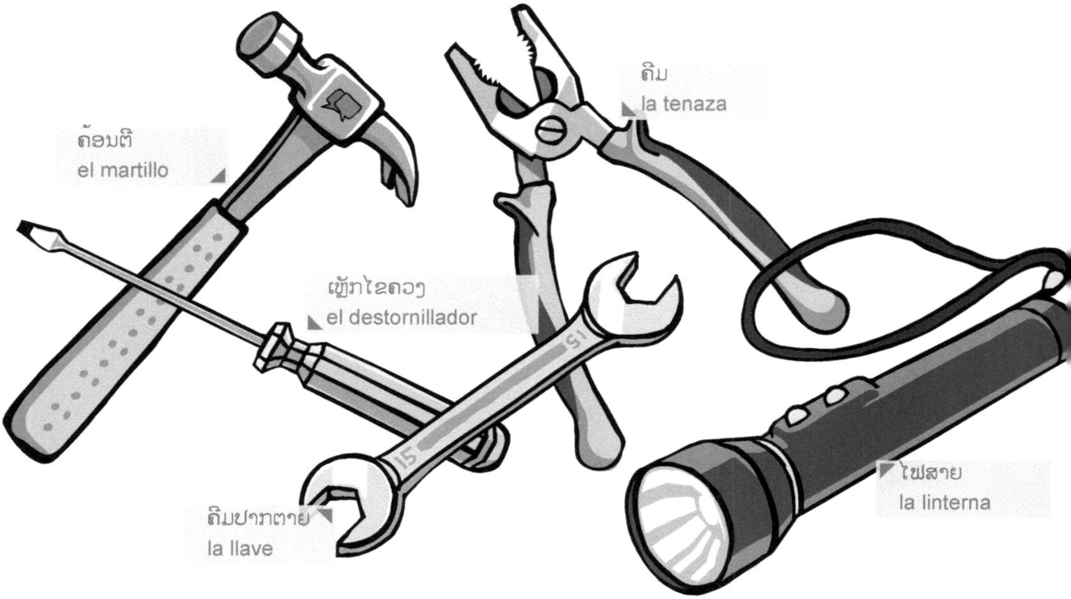
ຄ້ອນຕີ
el martillo
ຄີມ
la tenaza
ເຫຼັກໄຂຄວງ
el destornillador
ຄີມປາກຕາຍ
la llave
ໄຟສາຍ
la linterna

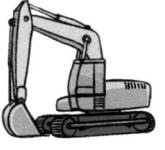

ເຄື່ອງຂູດ

la excavadora

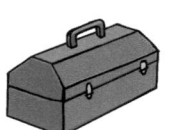

ກັບເຄື່ອງມື

la caja de herramientas

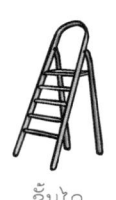

ຂັ້ນໄດ

la escalera portátil

ເລື່ອຍ

la sierra

ຕະປູ

los clavos

ເຫຼັກຊີ

el taladro

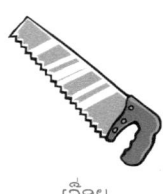

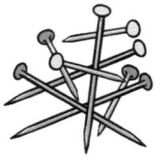

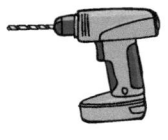

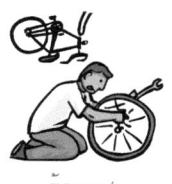

ສ້ອມແປງ

arreglar

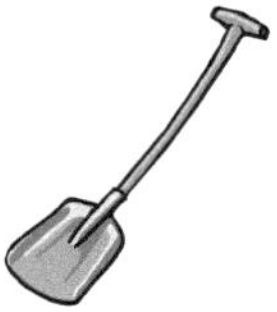

ຊວ້ານ

la pala de jardín

ຕາຍຫ່າ!

¡Qué bronca!

ຂອງຊວ້ານຂີ້ເຫຍື້ອ

la pala de plástico

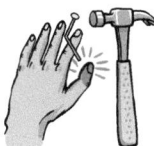

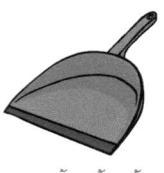

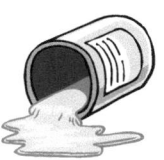

ຖັງສີ

el tacho de pintura

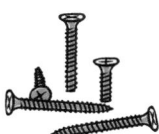

ຕະປູກຽວ

los tornillos

ເຄື່ອງດົນຕີ

los instrumentos musicales

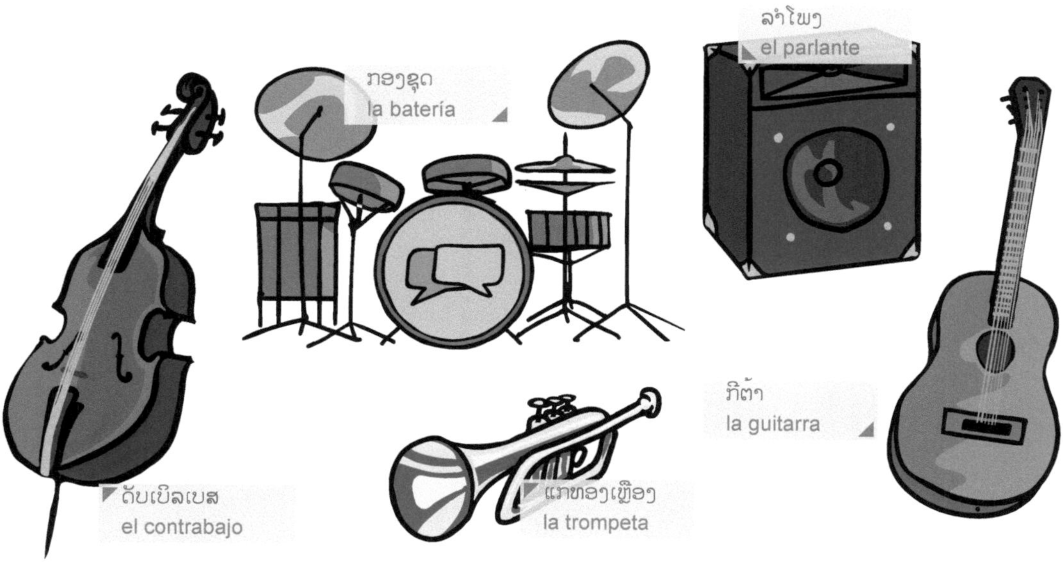
ລຳໂພງ
el parlante
ກອງຊຸດ
la batería
ກີຕ້າ
la guitarra
ດັບເບີລເບສ
el contrabajo
ແກທອງເຫຼືອງ
la trompeta

ເປຍໂນ

el piano

ໄວໂອລິນ

el violín

ເບສ

el bajo

ກອງທິມປານີ

los timbales

ກອງຊຸດ

el tambor

ຄີບອດ

el teclado

ແຊັກໂຊໂຟນ

el saxofón

ຂຸຍ

la flauta

ໄມໂຄຣໂຟນ

el micrófono

ສວນສັດ

el zoológico

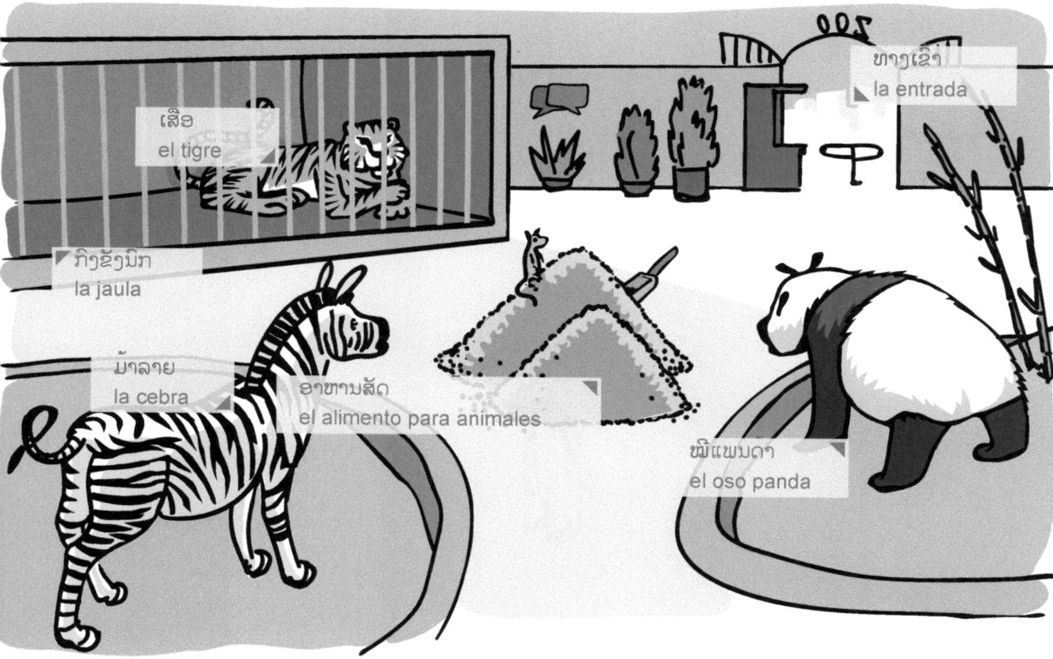

zoo
ເສືອ
el tigre
ທາງເຂົ້າ
la entrada
ກົງຂັງນົກ
la jaula
ມ້າລາຍ
la cebra
ອາຫານສັດ
el alimento para animales
ໝີແພນດາ
el oso panda

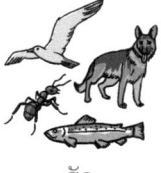

ສັດ

los animales

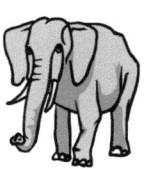

ຊ້າງ

el elefante

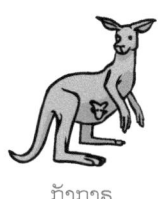

ກັງກາຣູ

el canguro

ແຮດ

el rinoceronte

ລິງໂທນໃຫຍ່

el gorila

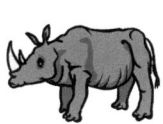

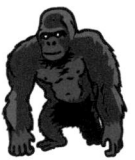

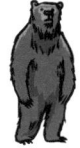

ໝີ

el oso

ອູດ

el camello

ນົກກະຈອກເທດ

el avestruz

ສິງໂຕ

el león

ລິງ

el mono

ນົກຟລາມິງໂກ

el flamenco

ນົກແກ້ວ

el loro

ໝີຂົ້ວໂລກ

el oso polar

ນົກເພັນກວິນ

el pingüino

ປາສະຫຽາມ

el tiburón

ນົກຍູງ

el pavo real

ງູ

la serpiente

ແຂ້

el cocodrilo

ຜູ້ເບິ່ງແຍງສວນສັດ

el cuidador del zoológico

ແມວນ້ຳ

la foca

ເສືອຈາກົວ

el jaguar

ມ້າພັນນ້ອຍ

el poni

ເສືອດາວ

el leopardo

ຮິບໂປ

el hipopótamo

ໂຕຈິຣາຟ

la jirafa

ໜຽວ

el águila

ໝູປ່າຕົວຜູ້

el jabalí

ປາ

el pescado

ເຕົ່າ

la tortuga

ຊ້າງນ້ຳ

la morsa

ໝາຈອກ

el zorro

ກວາງນ້ອຍ

la gacela

los deportes

ອາເມລິກັນຟຸດບອນ
el fútbol americano

ຂີ່ລົດຖີບ
el ciclismo

ກິລາເທນນີ້ສ
el tenis

ບັສເກັດບອລ
el básquet

ກິລາລອຍນ້ຳ
la natación

ກິລາຕີຄິດເຖິ່ມນ້ຳແຂງ
el hockey sobre hielo

ຊົກມວຍ
el boxeo

ກິລາເຕະບານ
....
el fútbol

ກິລາຕິດອກປີກໄກ່
....
el bádminton

ກິລາປະເພດ ແລ່ນ
ເຕັ້ນແລະແກວ່ງ
....
el atletismo

ແຮນບອລ
....
el handball

ກິລາສະກີ້
....
el esquí

ກິລາໂປໂລນ້ຳ
....
el polo

las actividades

ທິ່ວ
reír

ໂດດ
saltar

ກອດ
abrazar

ຍາງ
caminar

ຮ້ອງເພງ
cantar

ຝັນ
soñar

ໄຫວ້ພະ / ສວດມົນ
rezar

ຈູບ
besar

ຂຽນ	ແຕ້ມ	ສະແດງ
escribir	dibujar	mostrar
ຍູ້	ໃຫ້	ເອົາໄປ
presionar	dar	tomar

ມີ

tener

ເຮັດ

hacer

ເປັນ

ser

ຢືນ

estar parado

ແລ່ນ

correr

ດຶງ

tirar

ໂຍນ

tirar

ລົ້ມ

caer

ນອນຢຽດ

estar acostado

ລໍຖ້າ

esperar

ຖື

llevar

ນັ່ງ

estar sentado

ແຕ່ງຕົວ

vestirse

ນອນຫຼັບ

dormir

ຕື່ນນອນ

despertar

ເບິ່ງ

mirar

ຮ້ອງໄຫ້

llorar

ລູບ

acariciar

ຫວີຜົມ

peinar

ລົມ

hablar

ເຂົ້າໃຈ

entender

ຄຳຖາມ

preguntar

ຟັງ

escuchar

ດື່ມ

beber

ກິນ

comer

ຈັດໃຫ້ເປັນລະບຽບ

ordenar

ຮັກ

amar

ຄົວກິນ

cocinar

ຂັບລົດ

manejar

ບິນ

volar

ແລ່ນເຮືອ

navegar

ຄິດໄລ່

calcular

ອ່ານ

leer

ຮຽນຮູ້

aprender

ເຮັດວຽກ

trabajar

ແຕ່ງງານ

casarse

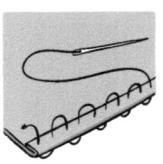

ຫຍິບ

coser

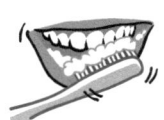

ແປງຟັນ

cepillarse los dientes

ຂ້າ

matar

ສູບຢາ

fumar

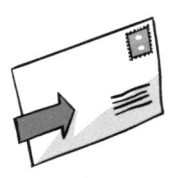

ສົ່ງ

enviar

ຄອບຄົວ
la familia

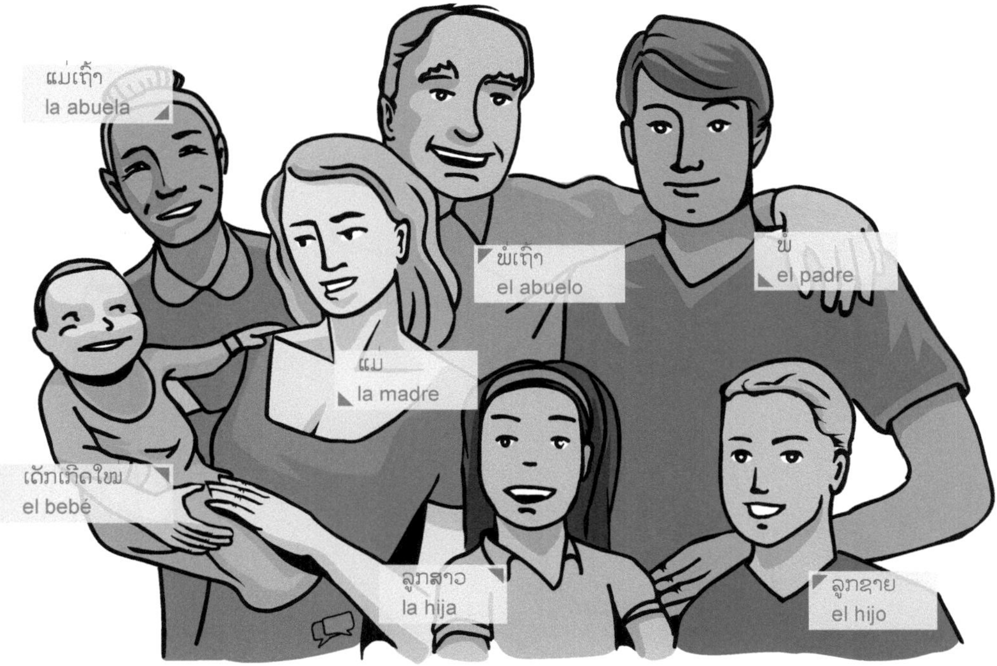
ແມ່ເຖົ້າ
la abuela
ພໍ່ເຖົ້າ
el abuelo
ພໍ່
el padre
ແມ
la madre
ເດັກເກີດໃໝ່
el bebé
ລູກສາວ
la hija
ລູກຊາຍ
el hijo

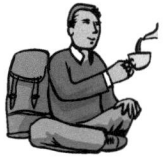

ແຂກ

el invitado

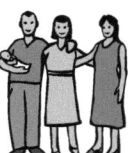

ປ້າ

la tía

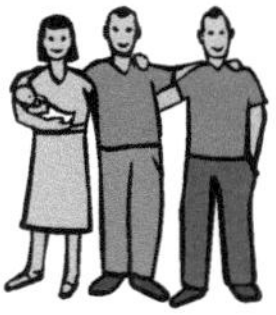

ລູງ

el tío

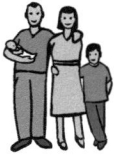

ອ້າຍນ້ອງ

el hermano

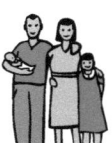

ເອື້ອຍນ້ອງ

la hermana

ຮ່າງກາຍ

el cuerpo

ໜ້າຜາກ
la frente
ຕາ
el ojo
ບ່າໄຫຼ່
el hombro
ນິ້ວມື
el dedo
ໃບໜ້າ
la cara
ຄາງ
la pera
ມື
la mano
ຂາ
la pierna
ໜ້າເອິກ
el pecho
ແຂນ
el brazo

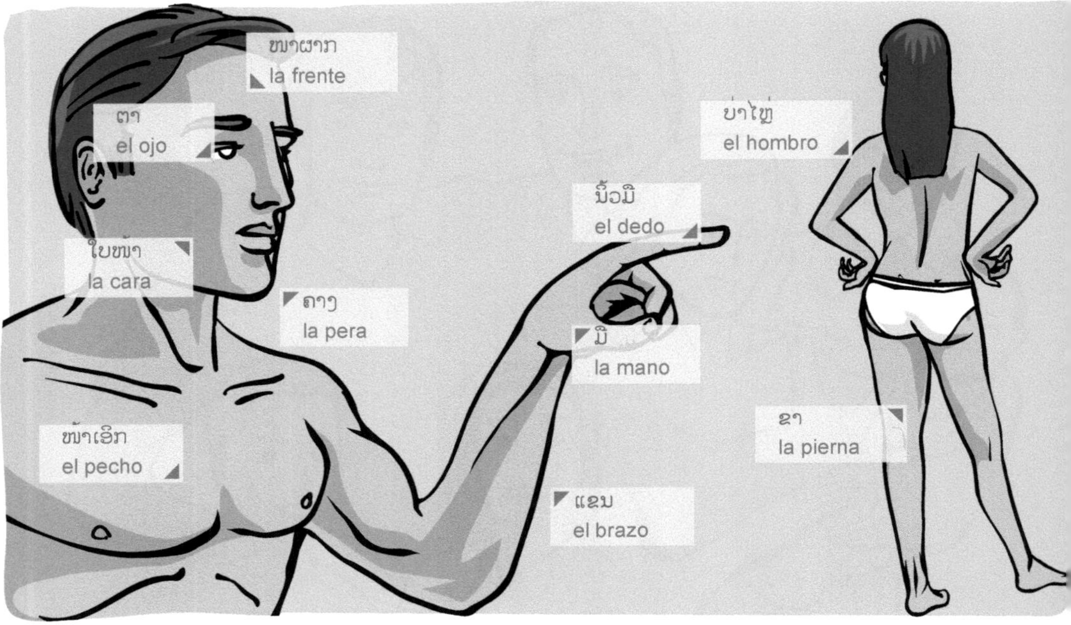

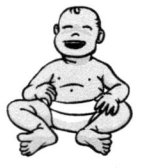

ເດັກເກີດໃໝ່

el bebé

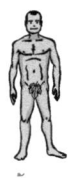

ຜູ້ຊາຍ

el hombre

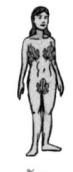

ຜູ້ຍິງ

la mujer

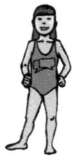

ເດັກຍິງ

la nena

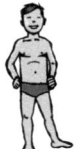

ເດັກຊາຍ

el nene

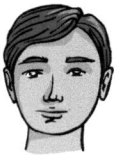

ຫົວ

la cabeza

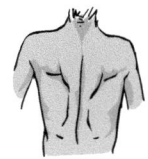

ຫຼັງ

la espalda

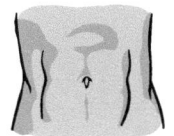

ທ້ອງ

la panza

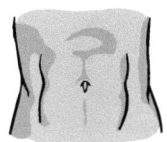

ສະບື

el ombligo

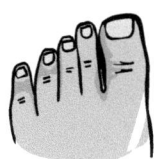

ນິ້ວຕີນ

el dedo del pie

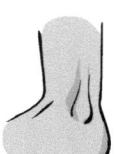

ສົ້ນຕີນ

el talón

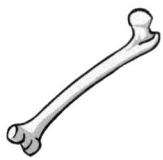

ກະດູກ

el hueso

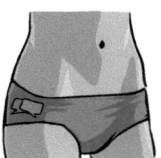

ກະໂພກ

la cadera

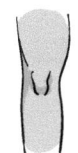

ຫົວເຂົ່າ

la rodilla

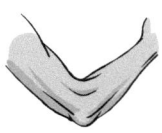

ແຂນສອກ

el codo

ດັງ

la nariz

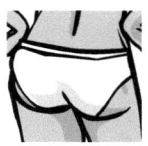

ກົ້ນ

la cola

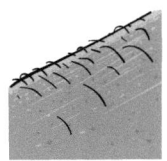

ຜິວໜັງ

la piel

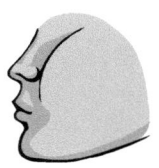

ແກ້ມ

el cachete

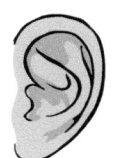

ຫູ

la oreja

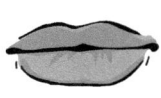

ຮິມສົບ

el labio

ປາກ

la boca

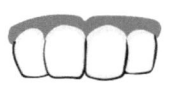

ແຂ້ວ

el diente

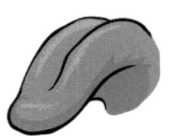

ລີ້ນ

la lengua

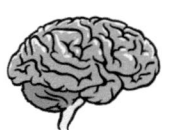

ສະໝອງ

el cerebro

ຫົວໃຈ

el corazón

ກ້າມເນື້ອ

el músculo

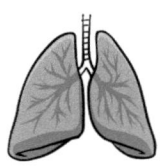

ປອດ

el pulmón

ຕັບ

el hígado

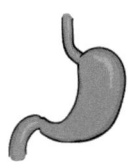

ກະເພາະ

el estómago

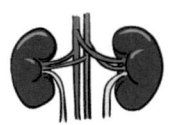

ໄຕ

los riñones

ເພດສຳພັນ

el sexo

ຖົງຢາງອະນາໄມ

el preservativo

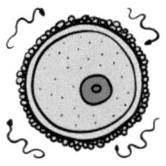

ເຊັລສືບພັນ

el óvulo

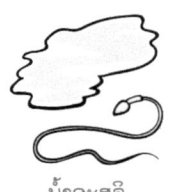

ນ້ຳອະສຸຈິ

el semen

ການຖືພາ

el embarazo

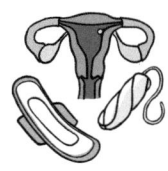

ປະຈຳເດືອນ

la menstruación

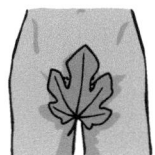

ຊ່ອງຄອດ

la vagina

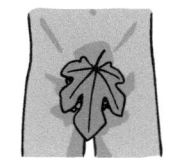

ອະໄວຍະວະເພດຊາຍ

el pene

ຄິ້ວ

la ceja

ເສັ້ນຜົມ

el pelo

ຄໍ

el cuello

ໂຮງໝໍ

el hospital

ໂຮງໝໍ
el hospital
ລົດໂຮງໝໍ
la ambulancia
ລົດລໍ້
la silla de ruedas
ຮອຍແຕກ
la fractura

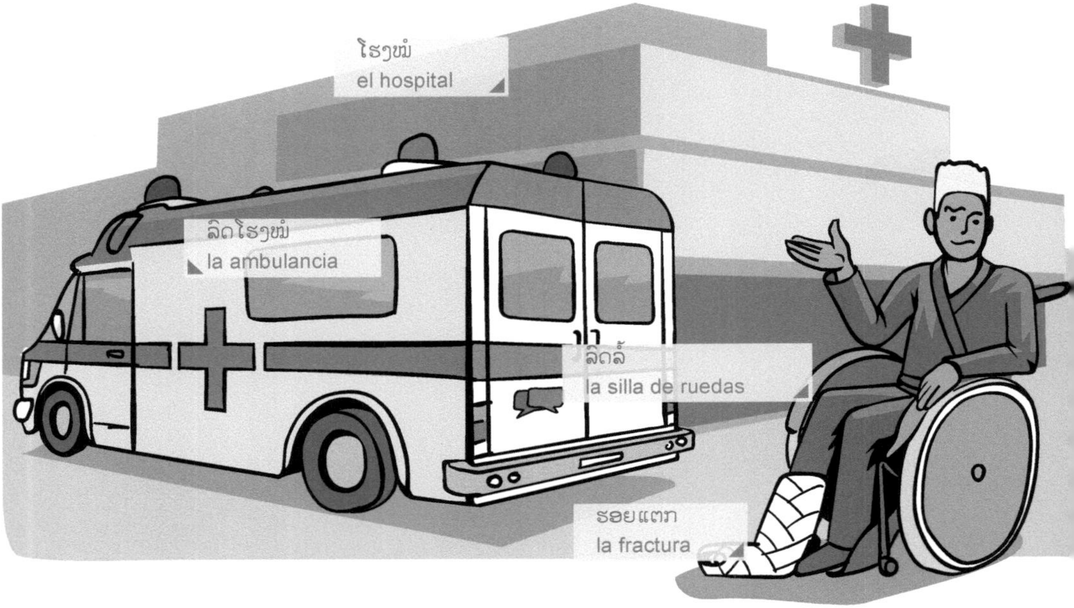

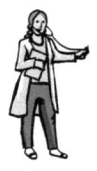

ທ່ານໝໍ
....
el médico

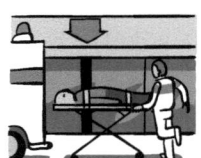

ຫ້ອງສຸກເສີນ
....
la sala de guardia

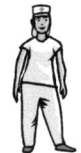

ພະຍາບານ
....
la enfermera

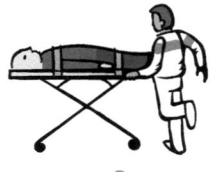

ສຸກເສີນ
....
la emergencia

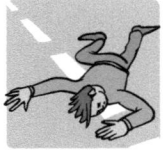

ໝົດສະຕິ
....
inconsciente

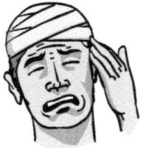

ອາການເຈັບປວດ
....
el dolor

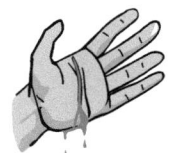

ການບາດເຈັບ

la lesión

ເລືອດໄຫຼ

la hemorragia

ຫົວໃຈວາຍ

el infarto

ໂຣກຫຼອດເລືອດໃນສະໝອງ

el ACV

ອາການແພ້

la alergia

ໄອ

la tos

ໄຂ້

la fiebre

ໄຂ້ຫວັດ

la gripe

ຖອກທ້ອງ

la diarrea

ເຈັບຫົວ

el dolor de cabeza

ໂຣກມະເລງ

el cáncer

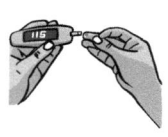

ພະຍາດເບົາຫວານ

la diabetes

ໝໍຜ່າຕັດ

el cirujano

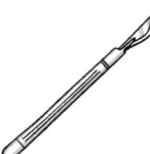

ມິດຜ່າຕັດ

el bisturí

ການຜ່າຕັດ

la operación

ເຄື່ອງເອັກເຊີເລຣະຄອມພິວເຕີ

la TC

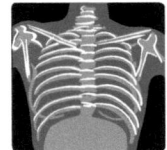

ເອັກຊ໌-ເຣ

los rayos x

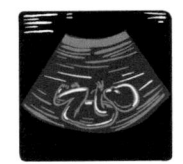

ອູລຕຣາຊາວ (ultrasound)

la ecografía

ໜ້າກາກອະນາໄມ

el barbijo

ພະຍາດ

la enfermedad

ຫ້ອງລໍຖ້າ

la sala de espera

ໄມ້ຄ້ຳຂີ້ແຣ້

la muleta

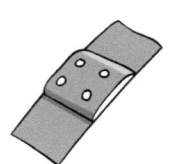

ຜ້າຍາງຕິດບາດ

la curita

ຜ້າພັນແຜ

la venda

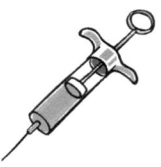

ສັກຢາ

la inyección

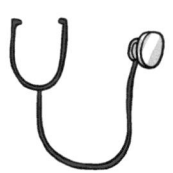

ເຄື່ອງຟັງປອດຫຼືທົ່ວໃຈ

el estetoscopio

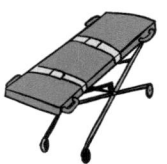

ເປຫາມຄົນເຈັບ

la camilla

ບາຫຼອດວັດໄຂ້

el termómetro

ການເກີດ

el nacimiento

ນ້ຳໜັກເກີນ

el sobrepeso

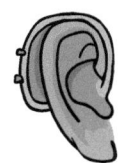

ເຄື່ອງຊ່ວຍຟັງ

el audífono

ນ້ຳຢາຂ້າເຊື້ອ

el desinfectante

ການຕິດເຊື້ອ

la infección

ເຊື້ອໄວຣັສ

el virus

HIV / ເອດສ໌

el VIH / SIDA

ຢາ

el remedio

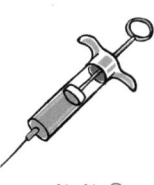

ການສັກວັກຊິນ

la vacunación

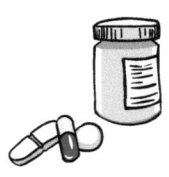

ຢາເມັດ

los comprimidos

ຢາເມັດ

la pastilla anticonceptiva

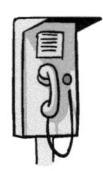

ໂທອອກສຸກເສີນ

la llamada de emergencia

ເຄື່ອງວັດຄວາມດັນເລືອດ

el tensiómetro

ໄຂ້ / ສຸຂະພາບດີ

enfermo / sano

ຂ່ອຍດ້ວຍ!
¡Ayuda!

ສັນຍານເຕືອນໄພ
la alarma

ການທຳຮ້າຍຮ່າງກາຍ
la agresión

ການໂຈມຕີ
el ataque

ອັນຕະລາຍ
el peligro

ທາງອອກສຸກເສີນ
la salida de emergencia

ໄຟໄໝ້!
¡Fuego!

ບັ້ງດັບເພີງ
el matafuego

ອຸປະຕິເຫດ
el accidente

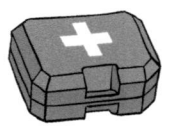
ຊຸດປະຖົມພະຍາບານຂັ້ນຕົ້ນ
el botiquín de primeros auxilios

ສັນຍານຂໍຄວາມຊ່ວຍເຫຼືອ
el SOS

ຕຳຫຼວດ
la policía

ເອິຣົບ

Europa

ອາເມລິກາເໜືອ

América del Norte

ອາເມລິກາໃຕ້

América del Sur

ອາຟຣິກາ

África

ເອເຊຍ

Asia

ອອສເຕຣເລຍ

Australia

ແອດແລນຕິກ

el Atlántico

ປາຊິຟິກ

el Pacífico

ມະຫາສະໝຸດອິນເດຍ

el Océano Índico

ມະຫາສະໝຸດແອນຕາຣຕິກ

el Océano Antártico

ມະຫາສະໝຸດອາກຕິກ

el Océano Ártico

ຂົ້ວໂລກເໜືອ

el polo norte

ຂົ້ວໂລກໃຕ້

el polo sur

ແອນຕາຣຕິກາ

la Antártida

ໂລກ

la Tierra

ດິນ

la tierra

ທະເລ

el mar

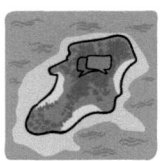

ເກາະ

la isla

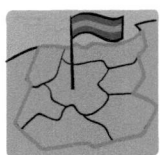

ຊາດ / ປະເທດຊາດ

la nación

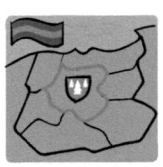

ລັດ

el estado

ໜ້າປັດໂມງ

la esfera

ເຂັມໂມງ

la manecilla de las horas

ເຂັມນາທີ

el minutero

ເຂັມວິນາທີ

el segundero

ຈັກໂມງແລ້ວ?

¿Qué hora es?

ວັນ

el día

ເວລາ

la hora

ຕອນນີ້

ahora

ໂມງດິຈິຕອລ

el reloj digital

ນາທີ

el minuto

ຊົ່ວໂມງ

la hora

la semana

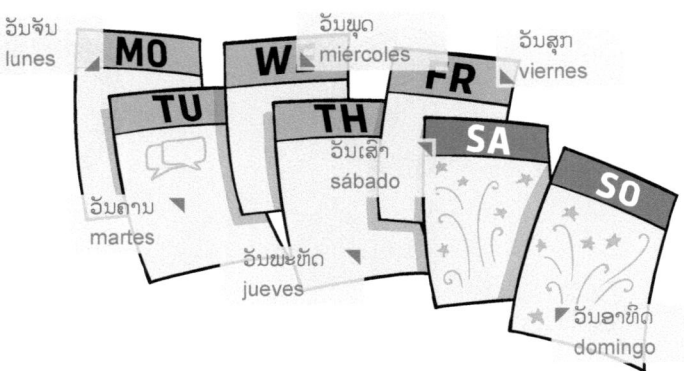

ອັນຈັນ lunes · ອັນພຸດ miércoles · ອັນສຸກ viernes · ອັນຄານ martes · ອັນເສົາ sábado · ອັນພະຫັດ jueves · ອັນອາທິດ domingo

ມື້ວານນີ້

ayer

ມື້ນີ້

hoy

ມື້ອື່ນ

mañana

ຕອນເຊົ້າ

la mañana

ຕອນທ່ຽງ

el mediodía

ຕອນແລງ

la tarde

MO	TU	WE	TH	FR	SA	SU
1	2	3	4	5	6	7
8	9	10	11	12	13	14
15	16	17	18	19	20	21
22	23	24	25	26	27	28
29	30	31	1	2	3	4

ອັນເຮັດວຽກ

los días hábiles

MO	TU	WE	TH	FR	SA	SU
1	2	3	4	5	6	7
8	9	10	11	12	13	14
15	16	17	18	19	20	21
22	23	24	25	26	27	28
29	30	31	1	2	3	4

ທ້າຍສັບປະດາ

el fin de semana

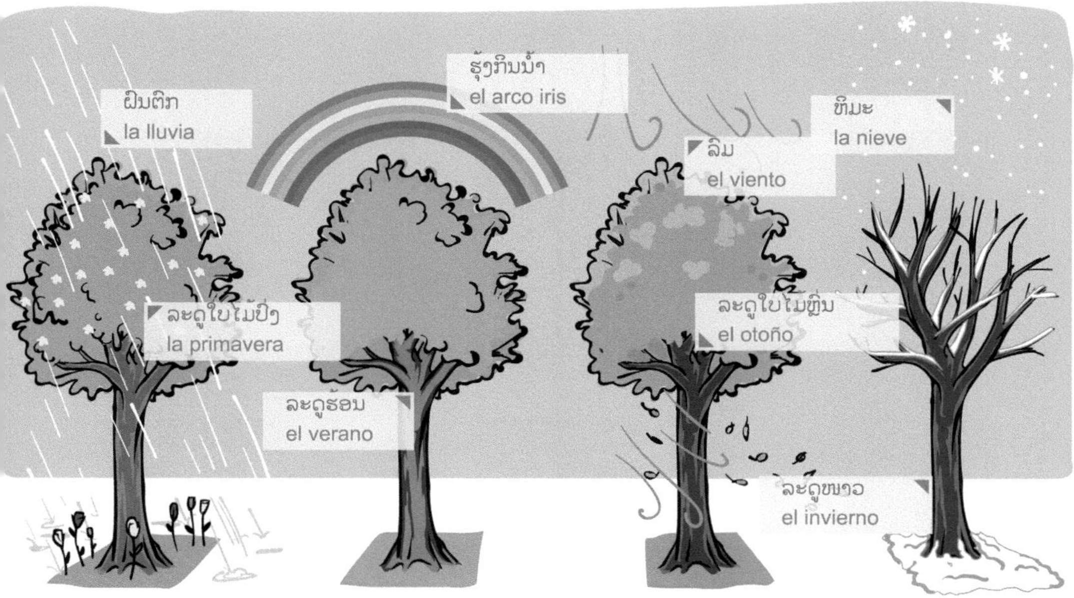

el año

ຝົນຕົກ
la lluvia

ຮຸ້ງກິນນ້ຳ
el arco iris

ລົມ
el viento

ຫິມະ
la nieve

ລະດູໃບໄມ້ປົ່ງ
la primavera

ລະດູຮ້ອນ
el verano

ລະດູໃບໄມ້ຫຼົ່ນ
el otoño

ລະດູໜາວ
el invierno

ການພະຍາກອນອາກາດ

el pronóstico meteorológico

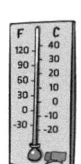

ເຄື່ອງວັດອຸນຫະພູມ

el termómetro

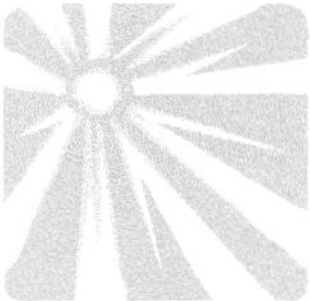

ແສງແດດ

la luz del sol

ຂີ້ເຝື້ອ

la nube

ໝອກ

la niebla

ຄວາມຊຸ່ມ

la humedad

ສາຍຟ້າແມບ

el rayo

ຟ້າຮ້ອງ

el trueno

ພະຍຸ

la tormenta

ໝາກເຫັບ

el granizo

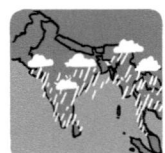

ລົມມໍລະສຸມ

el monzón

ນ້ຳຖ້ວມ

la inundación

ນ້ຳກ້ອນ

el hielo

ມັງກອນ

enero

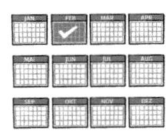

ກຸມພາ

febrero

ມີນາ

marzo

ເມສາ

abril

ພຶດສະພາ

mayo

ມິຖຸນາ

junio

ກໍລະກົດ

julio

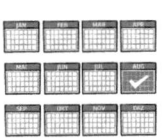

ສິງຫາ

agosto

ປີ - el año

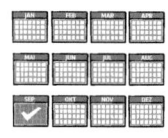

ກັນຍາ
....
septiembre

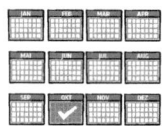

ຕຸລາ
....
octubre

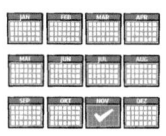

ພະຈິກ
....
noviembre

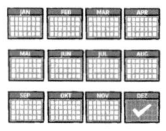

ທັນວາ
....
diciembre

ຮູບຮ່າງ

las formas

ວົງມົນ
....
el círculo

ສີ່ຫຼ່ຽມ
....
el cuadrado

ຮູບສີ່ຫຼ່ຽມມຸມສາກ
....
el rectángulo

ສາມຫຼ່ຽມ
....
el triángulo

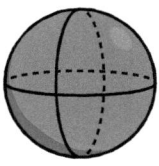

ໜ່ວຍກົມ
....
la esfera

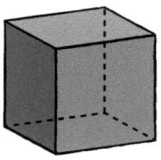

ຮູບສີ່ຫຼ່ຽມມີນທິນ
....
el cubo

colores

ສີຂາວ
....
blanco

ສີເຫຼືອງ
....
amarillo

ສີສົ້ມ
....
naranja

ສີບົວ
....
rosa

ສີແດງ
....
rojo

ສີມ່ວງ
....
violeta

ສີຟ້າ
....
azul

ສີຂຽວ
....
verde

ສີນ້ຳຕານ
....
marrón

ສີເທົາ
....
gris

ສີດຳ
....
negro

ຫຼາຍ / ນ້ອຍ

mucho / poco

ໃຈຮ້າຍ / ໃຈເຢັນ

enojado / tranquilo

ງາມ / ຂີ້ຮ້າຍ

lindo / feo

ການເລີ່ມຕົ້ນ / ການສິ້ນສຸດ

el principio / el fin

ໃຫຍ່ / ນ້ອຍ

grande / chico

ແຈ້ງ / ມືດ

claro / oscuro

ນ້ອງຊາຍຫຼືອ້າຍ /
ນ້ອງສາວຫຼືເອື້ອຍ

el hermano / la hermana

ສະອາດ / ເປື້ອນ

limpio / sucio

ສຳເລັດ / ບໍ່ສຳເລັດ

completo / incompleto

ກາງວັນ / ກາງຄືນ

el día / la noche

ຕາຍ / ມີຊີວິດ

muerto / vivo

ກວ້າງ / ແຄບ

ancho / angosto

ກິນໄດ້ / ກິນບໍ່ໄດ້

comestible / no comestible

ຂີ້ຮ້າຍ / ໃຈດີ

malo / amable

ໜ້າຕື່ນເຕັ້ນ / ໜ້າເບື່ອ

entusiasmado / aburrido

ອ້ວນ / ຈ່ອຍ

gordo / flaco

ທຳອິດ / ສຸດທ້າຍ

primero / último

ເພື່ອນ / ສັດຕູ

el amigo / el enemigo

ເຕັມ / ວ່າງເປົ່າ

lleno / vacío

ແຂງ / ນຸ້ມ

duro / blando

ໜັກ / ເບົາ

pesado / liviano

ຄວາມຫິວ / ຄວາມຫິວນ້ຳ

el hambre / la sed

ໄຂ້ / ສຸຂະພາບດີ

enfermo / sano

ຜິດກົດໝາຍ / ຖືກກົດໝາຍ

ilegal / legal

ສະຫຼາດ / ໂງ່

inteligente / estúpido

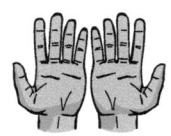

ຊ້າຍ / ຂວາ

izquierda / derecha

ໃກ້ / ໄກ

cerca / lejos

ໃໝ່ / ໃຊ້ແລ້ວ
nuevo / usado

ບໍ່ມີຫຍັງ / ບາງສິ່ງບາງຢ່າງ
nada / algo

ແກ່ / ໜຸ່ມ
viejo / joven

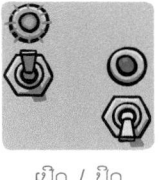

ເປີດ / ປິດ
encendido / apagado

ເປີດ / ປິດ
abierto / cerrado

ງຽບ / ດັງ
silencioso / ruidoso

ຣັ່ງມີ / ຍາກຈົນ
rico / pobre

ຖືກ / ຜິດ
correcto / incorrecto

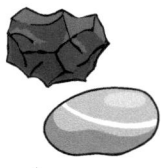

ບໍ່ລຽບ / ລຽບ
áspero / suave

ໂສກເສົ້າ / ດີໃຈ
triste / contento

ສັ້ນ / ຍາວ
corto / largo

ຊ້າ / ໄວ
lento / rápido

ປຽກ / ແຫ້ງ
mojado / seco

ອົບອຸ່ນ / ໜາວເຢັນ
caliente / frío

ສົງຄາມ / ສັນຕິພາບ
guerra / paz

0

ສູນ

cero

1

ໜຶ່ງ

uno

2

ສອງ

dos

3

ສາມ

tres

4

ສີ່

cuatro

5

ຫ້າ

cinco

6

ຫົກ

seis

7

ເຈັດ

siete

8

ແປດ

ocho

9

ເກົ້າ

nueve

10

ສິບ

diez

11

ສິບເອັດ

once

12

ສິບສອງ

doce

13

ສິບສາມ

trece

14

ສິບສີ່

catorce

15

ສິບຫ້າ

quince

16

ສິບຫົກ

dieciséis

17

ສິບເຈັດ

diecisiete

18

ສິບແປດ

dieciocho

19

ສິບເກົ້າ

diecinueve

20

ຊາວ

veinte

100

ຫນຶ່ງຮ້ອຍ

cien

1.000

ຫນຶ່ງພັນ

mil

1.000.000

ຫນຶ່ງລ້ານ

el millón

los idiomas

ພາສາອັງກິດ

el inglés

ພາສາອັງກິດແບບອາເມລິກັນ

el inglés americano

ພາສາຈິນແມນດາຣິນ

el chino mandarín

ພາສາຮິນດິ

el hindi

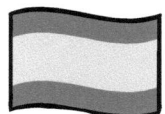

ພາສາສະເປນ

el español

ພາສາຝຣັ່ງເສດ

el francés

ພາສາອາຣັບ

el árabe

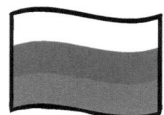

ພາສາຣັດເຊຍ

el ruso

ພາສາປ້ອກຕຸຍການ

el portugués

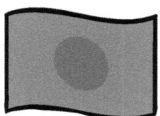

ພາສາແບງກາອລ

el bengalí

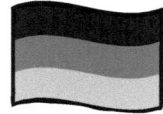

ພາສາເຍຍລະມັນ

el alemán

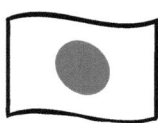

ພາສາຍີ່ປຸ່ນ

el japonés

ຂ້ອຍ

yo

ເຈົ້າ

vos

♂ ♀ ○

ລາວ (ຜູ້ຊາຍ) / ລາວ (ຜູ້ຍິງ) / ມັນ

él / ella

ພວກເຮົາ

nosotros

ພວກເຈົ້າ

ustedes

ພວກເຂົາ

ellos

ໃຜ?

¿quién?

ແມ່ນຫຍັງ?

¿qué?

ແນວໃດ?

¿cómo?

ຢູ່ໃສ?

¿dónde?

ເມື່ອໃດ?

¿cuándo?

HELLO, I AM

ຊື່

el nombre

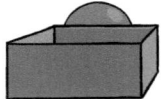

ຢູ່ທາງຫັຼວ
....
detrás

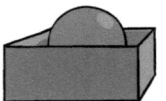

ໃນ
....
en

ຢູ່ທາງໜ້າ
....
adelante de

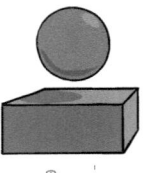

ເໜືອກວ່າ
....
por encima de

ຢູ່ເທິງ
....
sobre

ຢູ່ກ້ອງ
....
debajo de

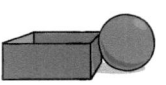

ທາງຂ້າງ
....
al lado de

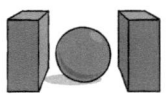

ຢູ່ລະຫວ່າງ
....
entre

ສະຖານທີ່
....
el lugar